Mara Ordemann

Lexikon für die Neue Zeit

Bitte fordern Sie unser kostenloses Verlagsverzeichnis an:

Smaragd Verlag
In der Steubach 1
57614 Woldert (Ww.)
Tel.: 02684.978808
Fax: 02684.978805
E-Mail: info@smaragd-verlag.de
www.smaragd-verlag.de

Oder besuchen Sie uns im Internet unter der obigen Adresse.

Deutsche Erstausgabe Juni 2005
Umschlaggestaltung: PreData
Satz: G. Heuchemer, Smaragd Verlag
Printed in Czech Republic
ISBN 3-934254-92-6

Mara Ordemann

Lexikon für die Neue Zeit

Smaragd Verlag

Über die Autorin

Mara Ordemann fühlt sich seit langem der Großen Weißen Bruderschaft verbunden, und es ist ihr ein Anliegen, ihren Ideen und Zielen zu dienen und den Menschen nahe zu bringen.

Immer mehr Menschen weltweit „erwachen“, das heißt: Sie erkennen, dass die Menschheit in einer Umbruchphase ist und sich dringend etwas ändern muss und beginnen daher, sich über ihren Alltag hinaus mit spirituellen Fragen zu beschäftigen.

Ihnen den Einstieg in dieses hochinteressante, und gleichzeitig so wichtige Thema zu erleichtern – das möchte sie mit diesem Lexikon erreichen.

Widmung

In Liebe für meine Freundin Ruth,
die mit mir gemeinsam schon seit so langer Zeit
tapfer diesen spirituellen Weg beschreitet.

Danksagung

Ich danke meinen lieben Autorinnen und Autoren, ohne die es diesen Verlag nicht gäbe, für die segensreiche Zusammenarbeit, meinem Smaragd *Dream-Team* für die verlässliche Unterstützung meiner Arbeit und für die Fröhlichkeit und das Lachen, mit dem ihr unsere Räume erfüllt; Gaby für ihr Engagement und ihre kreativen Ideen beim Buchsatz; Jürgen für die wundervolle und ideenreiche Buchgestaltung und seine Geduld mit uns; meinem Freund Timur für seine liebevolle und kompetente Beratung; Elke und Antan für ihr Lektorat, – und last, not least, der Geistigen Welt für die nie versiegende Unterstützung und ihre liebevolle Führung.

Inhaltsverzeichnis

Vorwort

Als ich vor einigen Jahren zum ersten Mal (wieder) mit der Großen Weißen Bruderschaft in Berührung kam, schrieb ich im Nachwort zu *Die Weiße Bruderschaft* von Anna Amaryllis, wie mir das Manuskript zu diesem Buch damals „zugefallen" war:

„Seit 1989 hatte ich mit äußerstem persönlichen Einsatz versucht, den Smaragd Verlag aufzubauen und die Bücher mit dem spirituellen Inhalt herauszubringen, die ich für wichtig hielt. Nicht immer mit dem Erfolg, den ich mir gewünscht hatte.

Ein Beinbruch legte dann nicht nur mich selbst, sondern auch mein privates und berufliches Leben im wahrsten Sinne des Wortes „lahm". Eine Zeitlang verlor ich meine Ziele aus den Augen, war gewissermaßen orientierungslos.

In dieser Phase der Hilflosigkeit – ganz der Tarot-Karte „Der Gehängte" entsprechend, die ich vor diesem Ereignis „zufällig" gezogen hatte – ließ ich alles los, im Vertrauen darauf, dass sich der Sinn dieser Geschehnisse zeigen und sich alles zu meinem Besten fügen würde.

Einige Monate später, nach dieser kreativen Pause, entschloss ich mich dann, mit neuer Energie und neuem Schwung noch einmal zu starten. Aber dazu fehlten mir zwei Manuskripte für die Herbstproduktion, und so sandte ich die Bitte um Hilfe in den Kosmos.

Kurz darauf bekam ich über einen befreundeten Verlag das Manuskript zu dem oben genannten Buch. Es hatte dort seit Monaten geschlummert und durch eine Verwechslung nicht den Weg zu mir gefunden. Und das war gut so, denn in meiner damaligen Phase der Lethargie hätte ich der Autorin mit Sicherheit eine Absage geschickt.

Umso glücklicher war ich dann über diese Entwicklung und umso dankbarer der Großen Weißen Bruderschaft. So werden wir alle, um auf den Beginn dieser Zeilen zurückzukommen, liebevoll geleitet – wenn wir es zulassen."

Einige Monate später kam mir das Manuskript zu *El Morya – Was ihr sät, das erntet ihr* von Claire Avalon in die Hände, und ich beschloss, ohne lange zu überlegen, es herauszubringen – eine „Bauchentscheidung", die ich nicht eine Minute bereut habe.

Als ich dann im Rahmen einer Channel-Sitzung mit Claire Avalon gefragt wurde, ob ich bereit wäre, als Sprachrohr der Großen Weißen Bruderschaft zu dienen und ihr Wissen, das letztlich das verschüttete Wissen von uns allen ist, zu verbreiten, sagte ich – nach drei Tagen Krankenlager, an die ich mich kaum erinnern kann – bewusst: JA!

Nie hätte ich damals gedacht, welche wunderbare, wenn auch nicht immer leichte, Arbeit sich daraus ergeben würde, die natürlich meine persönliche Entwicklung sehr stark beeinflusst und den Verlag zu dem gemacht hat, was er heute ist.

Und so bin ich im Jahr 15 des Smaragd Verlags glücklich, froh und unendlich dankbar, den Menschen und der Geistigen Welt dienen zu dürfen, was mir persönlich, aber auch denen, die inzwischen an meiner Seite arbeiten, Fülle und Erfüllung schenkt.

Immer wieder war ich in den letzten Jahren gebeten worden, ein Lexikon herauszubringen, mit dem die Wesenheiten der Weißen Bruderschaft, aber auch andere Wesen der Geistigen Welt sowie Begriffe, die in der Zeit des Umbruchs von so immenser Bedeutung sind, zu erklären und den Menschen nahe zu bringen. Nun ist es soweit!

Viele Begriffe stammen aus Channelings, und manches Mal werden Sie unterschiedliche Informationen zu ein und demselben Thema bekommen (wie ich natürlich auch). Wir sind in einer Zeit des Umbruchs, und da kann es passieren, das wir in kürzester Zeit von unterschiedlichsten Botschaften geradezu überschwemmt! werden.

Bitte, lassen Sie sich nicht beirren, sondern spüren Sie den einzelnen Informationen nach, und wenn Sie eine Resonanz in Ihrem Herzen fühlen – dann nehmen Sie diese Information für sich als wahr an.

Vieles, was über Jahrhunderte an Informationen, zum Beispiel von der Kirche, verändert, weggelassen oder hinzugefügt wurde, kommt heute ans Licht. Das hat mit der Zeitqualität und den Schwingungserhöhungen von Mensch und Erde zu tun. Und das ist gut so, denn es ist die Zeit der Wahrheit und der Wahrhaftigkeit.

Nun liegt es also vor Ihnen, *Das Lexikon für die Neue Zeit*, und ich hoffe, dass es Ihnen, liebe Leserin und lieber Leser, helfen und Sie ein Stück auf Ihrem Weg begleiten möge.

Das wünsche ich Ihnen von ganzem Herzen

Ihre

Mara Ordemann

Hinweise zum Gebrauch dieses Lexikons

Natürlich lassen sich die einzelnen Begriffe im Rahmen eines solchen Lexikons nur kurz skizzieren. Details zu den einzelnen Themen finden Sie in den entsprechenden Büchern dieses und anderer Verlage. Eine ausführliche Bibliographie hinten im Buch wird Ihnen dabei helfen, die für Sie richtige Auswahl zu treffen.

Die hinter einzelnen Begriffen in Klammern stehenden Initialen beziehen sich auf die Autoren/Autorinnen, bei denen ich die entsprechende Erklärung gefunden habe. Der größte Teil des Wissens dieses Lexikons basiert ja auf Durchgaben aus der Geistigen Welt, die über verschiedene Medien gechannelt worden sind.

Die Angaben zu den Sternen beziehungsweise Sternbildern sind so zu verstehen:

Beispiel Venus: Nach dem jetzigen Wissensstand der Menschheit sind diese Sterne nicht mit physischem Leben, wie wir es kennen, beseelt. Dennoch gibt es eine spirituelle Ebene, auf der Wesen existieren.

Da wir alle ursprünglich von anderen Sternen gekommen sind und diese Erde bevölkert haben, haben wir auch die Eigenschaften dieser Sterne auf die Erde mitgebracht.

Lexikon A – Z

11:11

Das war 1987 nach dem Reaktorunfall im April 1986 in Tschernobyl, als die Menschheit (dies geschah bei den meisten auf der unbewussten Ebene) beschloss, eine Änderung der Umstände auf der Erde herbeizuführen und beschleunigt den Aufstieg in die Fünfte Dimension anzugehen, um so die Schleier schneller zu entfernen und die eigene Schwingung und die des Planeten zu erhöhen.

In der Zahl 11:11 versteckt sich zweimal die Meisterzahl 11.

Als es 1987 zu einer „Messung" der Energie auf der Erde durch die Geistige Welt kam, war der Energielevel so hoch, dass selbst die Geistige Welt verblüfft war. Eine weitere Messung dieser Art wird 2007 und etwa 2012/2013 stattfinden.

→ *Harmonische Konvergenz*

12-Strang DNS

Zur Zeit von Atlantis sollen die Menschen die 12-Strang DNS gehabt haben, was bedeutet, sie konnten ihr volles Potenzial auf allen Ebenen leben.

Durch den Untergang von Atlantis fiel der Mensch aus der Einheit und beschloss, die Dualität zu leben. Seine DNS entwickelte sich zurück zu einer 2-Strang DNS.

Es gibt aber eine Menge ungenutzter Aminosäuren in unseren Zellen, die sich laut Geistiger Welt dreidimensional so verbinden werden, so dass sich daraus wieder die

12-Strang DNS formt. Diese wird keine Strangform haben, sondern eine Art Knäuel bilden. Dadurch werden wir alle, unter anderem, auch wieder den Zugang zu unseren feinstofflichen und übersinnlichen Fähigkeiten haben, denn das ist unser kosmisches Erbe, unser Sternenerbe. Die Veränderung der DNS findet in jedem Menschen statt. Ihre Umwandlung hat bereits begonnen und wird später, wenn wir die Fünfte Dimension erreicht haben, abgeschlossen und wir „Kosmische Menschen“ sein. Der Weg dorthin ist der „Aufstieg“ in die Fünfte Dimension.

2012

(Ende des Jahres 2012 in das Jahr 2013 hinein.)

Das ist der Zeitpunkt, an dem auf kosmischer/göttlicher Seite die Entscheidung getroffen wird, wie es mit der Menschheit weiter gehen soll. Die Entscheidung steht also an: In welche Richtung wollen und werden wir uns als Menschheit weiterentwickeln. Es entscheidet sich also noch einmal das Schicksal der Welt, aber nicht im Hinblick auf Vernichtung oder Nicht-Vernichtung, sondern dahin: Wie nutzen wir das Wissen, das wir bis dahin gesammelt beziehungsweise freigelegt haben.

Zu diesem Zeitpunkt sollen sich alle Erwachenden auf einem ähnlichen Entwicklungsstand befinden, was bedeutet: Je später man aufwacht, desto schneller und heftiger geht die Entwicklung des Einzelnen voran und umso dringender braucht dieser Unterstützung in vielfältiger Form.

Achter Strahl

Aquamarinfarbener Strahl. Steht für Klarheit und Unterscheidungsvermögen im Sinne des Sehens und Erkennens. Schulung der Intuition (inneren Stimme).

Derzeitiger Lenker und Weltenlehrer: Maha Cohan.

Zugeordneter Edelstein: Aquamarin.

Adonai

Erdenaspekt Gottes in der Kabbala mit der Bedeutung „Herr" oder „Lord".

Aeolus (Logos)

Kosmischer heiliger Geist, der für Liebe und Gnade steht und in Verbindung mit der dreifältigen Flamme auf dem rosa Strahl dient. Er ist zuständig für unser Planetensystem und unterstützt die Erfüllung des göttlichen Plans im Zuge der Zusammenarbeit aller Planeten.

Agythane

Atlantis-Priester des Friedens, – sechster, roter Strahl.

Akasha Chronik

Wird in der Dritten Dimension auch als Palmblattbibliothek bezeichnet. Sie ist sozusagen „das Gedächtnis Gaias", die Speicherplatte, in der sämtliche Gedanken, Gefühle, Handlungen etc. – also alles, was durch die Menschheit bisher gedacht und/oder getan worden ist – gespeichert und somit auch abrufbar ist (zum Beispiel durch Channel-Medien).

All-Einer

→ *Quelle*

All-Eins

Einheit mit Allem-Was-Ist.

Alles-Was-Ist
Damit sind zwei Dinge gemeint:

- Gott, die Quelle
- Die Natur und alles, was Leben und „Lebensgrundlage“ im weitesten Sinne, hier auf der Erde aber auch überall im Kosmos, ausmacht, wobei dieses eine Wechselwirkung ist, weil alles miteinander verbunden ist und Gott in uns und allem ist, und wir in Gott und allem sind.

Alte der Tage

Andere Bezeichnung für Sanat Kumara.

Amai

Eine Engelwesenheit, ein Engel der Selbstliebe in Türkis. Sie öffnet die Herzen für die türkisfarbene Energie aus Atlantis, damit wir Menschen in Kontakt mit unserer atlantischen Quelle kommen können.

Sie trägt ein türkis-silbrigglänzendes Gewand und hat sternenklare dunkle Augen. (I. W.-H)

Amazone

Weibliche Ergänzung zu Elohim Herkules, – erster, blauer Strahl.

Amerides

Atlantis-Priester des Tanzes und der Musik als Therapie, – fünfter, grüner Strahl.

Amethyst

Weibliche Ergänzung zu Erzengel Zadkiel, – siebter, violetter Strahl.

Dient auf dem violetten Strahl. Arbeitet mit Zadkiel im Tempel der Umwandlung und Anrufung, der ätherisch über Kuba liegt, außerdem unterstützt sie das richtige Atmen.

An

Der mittlere Gürtelstern des Sternbilds Orion, Heimat von Somar, dem Hüter des goldenen Tempels der geheilten Dualität, der sich auf An befindet.

Anderswelt

Das Reich der Elfen, Feen, Zwerge und anderer Naturwesen – also die unsichtbare Welt um uns herum, die von hellsichtigen und feinfühligen Menschen wahrgenommen werden kann.

Anedra

Atlantis-Priesterin der Erkenntnis, – zwölfter, opalfarbener Strahl.

Angelika

Weibliche Ergänzung zu Elohim Orion, – dritter, rosafarbener Strahl.

Aufgestiegene Meisterin, die mit ihrer rosa Energie alte Erfahrungen, Verletzungen und Wunden heilt.

Anthriel

Erzengel, – neunter, magentafarbener Strahl.

Aquala Awala

Eine plejadische Wesenheit und die Hüterin allen Wassers auf dieser Erde.

Aquamarinfarbener Strahl

→ *Achter Strahl*

Aquariel

Erzengel – achter, aquamarinfarbener Strahl.

Aragena

Atlantis-Priesterin der Farben, – neunter, magentafarbener Strahl.

Ariel

Erzengel, seine Farbe ist Gold-Gelb. Er steht für Schönheit und Mut, die Erinnerung an den göttlichen Kern, den jeder in sich selbst, aber auch beim anderen suchen und finden sollte.

Eigenschaft: Zerstören, um Neuaufbau zu fördern.

Arkturus

Elohim Arkturus unterstützt die Anrufung der violetten Flamme und empfiehlt, dieses in einem bestimmten Rhythmus zu tun, um so die Kraft zu verstärken.

Ashtar

Außerirdische Wesenheit (Raumwesen), die sich bei ihrem ersten Kontakt mit dem Amerikaner George van Tassel im Juli 1952 als „Abgesandter der universalen Allianz für Frieden" vorstellte.

Ashtar ist also Mitglied der Raumbruderschaft (→) und existiert in der sechsten Dimension. Er ist Kommandant einer der Raumbruderschaft-Kommandos.

Ihm geht es darum, die Öffnung des Herzens bei allen Menschen zu erreichen, um dann den Aufstieg der Erde zu bewerkstelligen.

Ashtar-Kommandos

Es gibt zwei Asthar-Kommandos:

- Ashtar = lichte Energie
- Asthar-Sheran = nichtlichte Energie. Von dort kommen immer die Botschaften wie: Evakuierung der Erde etc.

Aspekt

Bestimmter Bewusstseinsanteil, wie zum Beispiel Freiheit oder Gerechtigkeit. Eine Seele nimmt bei einer neuen Inkarnation einen bestimmten Aspekt, um diesen gezielt zu leben.

Astralkörper

Trägt unsere Gefühle, Emotionen und Charaktereigenschaften, uns auch als Unterbewusstsein bekannt. Der Astralkörper kann den physischen Körper während des Schlafes verlassen.

→ *Emotionalkörper*

Astrana

Atlantis-Priesterin der Liebe und Sexualität, – sechster, roter Strahl.

Astrea

Weibliche Ergänzung zu Elohim Claire, – vierter, weißer Strahl.

Ätherkörper (Ätherleib)

Dieser Begriff hat in der Neuen Zeit eine andere Bedeutung als bei Rudolf Steiner und in der Anthroposophie.

Energiehülle, Träger der Lebensenergie, der alles Materielle im Kosmos umhüllt.

Energiehülle, die unseren physischen Körper wie eine zweite Haut umgibt. In ihm liegen die Chakren (→).

→ *Energiekörper*

Ätherleib

Energiekörper (→) des Menschen.

Atlantis

Atlantis war sowohl ein Teil des einen Kontinents, der ursprünglich auf der Erde war, als auch eine Rasse, die zur damaligen Zeit hier lebte.

Das Thema kam auf durch Platon, den griechischen Philosophen (427 – 347 v. Chr.) in seinen Werken „Temaios“ und „Kritias“.

Nach seinen Aussagen lag Atlantis „jenseits der Säulen des Herakles“ (womit die Meerenge von Gibraltar gemeint ist), – demnach also zwischen dem heutigen Europa und Amerika. Nach dem neuesten Stand der Forschungen bestand Atlantis aus einer Gruppe von Kontinenten und Inseln, die später im Meer versanken.

Über die Ursache des Untergangs sind sich die Forscher nicht einig: Einerseits wird von einem Meteoriteneinschlag gesprochen; in der esoterischen/spirituellen Literatur (vor allem in gechannelten Texten) heißt es aber immer wieder, dass der Missbrauch von Energien und Kristallen zum Untergang geführt hat.

Auch über die Zeit, in der Atlantis existiert haben soll, ist man sich nicht einig: Die Zeiträume schwanken von 10.000 bis 100.000 vor Christus.

Nach Channel-Durchsagen waren die Menschen von Atlantis spirituell viel höher entwickelt als wir es heute sind, sie kommunizierten telepathisch, konnten hellsehen und waren Meister der Magie. Sie missbrauchten jedoch ihre

Macht, und als Folge wurde der Kontinent vernichtet. Vorher war es jedoch zahlreichen Atlantern gelungen, in andere Teile der Welt auszuwandern, wo sie ihre Kultur, Spiritualität und Technik an die Ureinwohner weitergaben. Dadurch lässt sich zum Beispiel erklären, warum Pyramiden in Ägypten, Mexiko und woanders auf der Welt zu finden sind.

Da sich heute viele Menschen an eine frühere Inkarnation in Atlantis zu erinnern glauben, nimmt man an, viele Atlanter seien heute wiedergeboren, um die Welt vor einem ähnlichen Schicksal zu bewahren, wie es einst Atlantis widerfahren ist.

Damals entstanden das menschliche Bewusstsein und Einführung des freien Willens, wodurch die Basis für Karma geschaffen wurde. Es folgte die symbolische Vertreibung aus dem Paradies und damit der Beginn der Reinkarnation.

Atlantischer Gruß (Abbildung)

Die auf der Brust gekreuzten Arme stellen den Gruß der Atlanter dar. (C. A.)

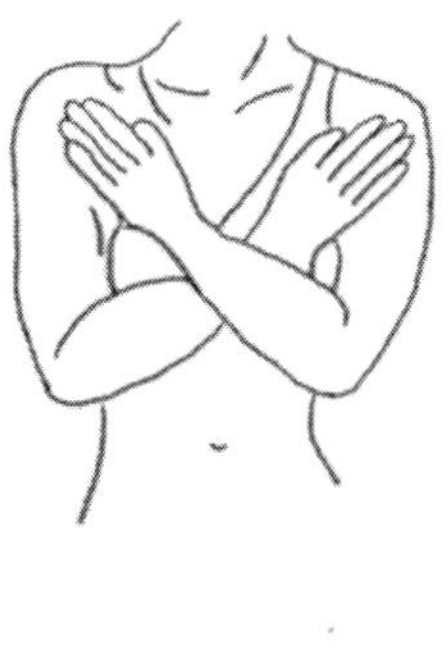

Atlantischer Schlüssel

Der Atlantische Schlüssel sind sechs Kiria Deva-Kristalle und ein roter Turmalin mit speziellen Programmierungen. (A. M.)

Aufgestiegene Meister

Sie sind die Lenker jeweils eines der zwölf göttlichen Strahlen und Lichtwesen, die ihren Inkarnationszyklus auf der Erde beendet und sich bereit erklärt haben, der Menschheit von der geistigen Ebene her aus zu dienen.

Zu ihnen gehören El Morya, Jesus Sanandá, Kuthumi, Lady Nada und viele andere.

Sie gehören der Großen Weißen Bruderschaft (→) an.

„Meister" bedeutet nicht, dass sie Meister über uns sind, sondern die Dichte der Materie *gemeistert* haben, und das zu einem Zeitpunkt, als diese noch viel dichter war als heute. Sie haben also spezielle Fähigkeiten, was sie nicht „höher" (besser) als uns macht, sondern sie nur zu bestimmten Aufgaben befähigt.

Aufstieg

Es gibt keinen Begriff in der spirituellen Szene der letzten Jahre, über den so viel geschrieben und gemutmaßt worden ist wie über diesen.

Nach meinem Verständnis geht es um die Schwingungserhöhung jedes einzelnen Menschen einerseits und die der Erde andererseits, wobei dieses ein Wechselspiel ist und sich jeweils bedingt. Das bedeutet:

Wenn ich meine eigene Schwingung erhöhe, indem ich

zum Beispiel gelernt habe, **jedes** Wesen (auch Tiere und Pflanzen) bedingungslos zu lieben, ohne Vorbehalte, ungeachtet seiner Rasse, seines Aussehens, seines Verhaltens etc. – dann habe ich meine Schwingung erhöht. Dieses bewirkt eine Schwingungserhöhung der Erde, weil wir alle, jeder mit jedem, jeder mit allem verbunden sind und ständig in einem Austausch der Energien leben. Und so hat jedes Verhalten eine Wechselwirkung auf andere Menschen, und eben auch auf die Erde. Die Schwingungserhöhung der Erde wiederum bewirkt in diesem Wechselspiel eine Schwingungserhöhung der einzelnen Menschen, die auf ihr leben.

Aufstieg bedeutet also, dem Licht, der Quelle allen Seins, Gott (oder wie auch immer man es bezeichnen möchte), ein Stück näher zu rücken, indem wir das Christus-Bewusstsein der bedingungslosen Liebe in uns leben, um letztlich eines Tages dort, woher wir alle gekommen sind, wieder anzukommen und in dieses Licht einzugehen. Die Folge ist letztlich, dass der Schleier zwischen der physischen und der Geistigen Welt bzw. den einzelnen Ebenen weggezogen wird.

Das bedeutet nicht, „heilig" zu werden, sondern diese Spiritualität, dieses Licht in uns selbst, im Alltag und im Miteinander zu leben.

Der Aufstieg ist ein persönlicher Aufstieg, das heißt: Jeder folgt dabei seiner eigenen Wahrheit, und dennoch ist es eine globale Entwicklung, weil jeder Mensch ein Teil der Menschheit ist (siehe oben). Unterschiedliche spirituelle Richtungen und Lehrer sprechen davon, dass wir uns jetzt in den Meisterjahren befinden, die bis 2012 dauern werden. Dann soll die Fünfte Dimension Raum genommen haben, in uns und in unserem Umfeld und überall auf dieser Erde.

Aufstieg bedeutet auch, den Tod hinter sich zu lassen und auf der Erde so lange zu verweilen, wie man möchte, und erst dann in die Geistige Welt zurückzukehren, wenn man hier nichts mehr lernen und neu gestalten kann oder will.

Aura

Die Aura ist die feinstoffliche Hülle um jedes belebte Wesen, Mensch, Tier, Pflanze, die aus mehreren Schichten besteht. Hellsichtige können aus den Farben der Aura den seelischen (Emotional-)Zustand des betreffenden Wesens erkennen.

Aura-Soma

Aura-Soma ist eine Wiederentdeckung uralter Prinzipien ganzheitlicher Heilung, die schon in den alten Heilungstempeln der Ägypter und Griechen zur Anwendung kamen – eine Synthese aus Farben, Aromatherapie, Kristallenergie und Heilkräutern, die auf mehreren Ebenen wirken: auf die körperliche, die feinstoffliche und die spirituelle Ebene, letztere durch Verbindung mit den Meistern.

Die Therapie wurde von den Engländern *Vicky Wall* (1918 bis 1991) weiterentwickelt.

Avalon

Nach der Mythologie der Kelten ein paradiesisches Land, in dem König Arthus seit seinem Tod residiert und auf seine Wiederkehr wartet.

Er wird dort von der Fee Morgana (Morgan Le Fay, der Seepriesterin von Avalon und Pflegetochter Merlins) gepflegt.

In den Romanen *Die Nebel von Avalon* von *Marion Zimmer Bradley* und *Die Seepriesterin* von *Dion Fortune* ist Avalon der Schauplatz des Geschehens.

Viele von denen, die jetzt inkarniert sind, waren dort als *Priesterinnen vom See* inkarniert und erinnern sich daran. Sie verehrten die Große Göttin, besaßen viel Wissen über Kräuter und Pflanzen und wussten dieses auch für Heilzwecke anzuwenden.

Der zunehmende Einfluss des Christentums und der Glaube an einen männlichen Gott löste die Anbetung der Großen Göttin allmählich ab. Die Priesterinnen von Avalon wurden immer mehr verdrängt, verfolgt, und einige von ihnen entführt und getötet.

☆☆☆

Begides

Atlantis-Priester des Lichtkörperprozesses, – vierter, weißer Strahl.

Bellana

Atlantis-Priesterin des Schutzes der Tiere, – zweiter, goldgelber Strahl.

Benedicus

Atlantis-Priester des Erkennens der Lebensaufgabe und des Potenzials, – achter, aquamarinfarbener Strahl.

Bigenes

Atlantis-Priester für das Umsetzen des ersten Impulses, – erster, blauer Strahl.

Bilane

Atlantis-Priester der Rechtsprechung, – achter, aquamarinfarbener Strahl.

Bintas

Atlantis-Priester der Träume, – zwölfter, opalfarbener Strahl.

Blauer Strahl

→ *Erster Strahl*

Blaues Volk

Wird häufig auch das „Kleine Volk“ genannt. Dazu gehören Elfen, Feen, Zwerge, Kobolde, Gnome, Pflanzen- und Kristalldevas und andere Naturwesen.

Blitz von Karon

Energiewelle, welche die Trennung von Licht und Nichtlicht in unserem Universum manifestiert hat (laut Elyah).

(Siehe *„Erdenwege“*, Lichtradverlag)

Buddha

Das Wort *Buddha* ist eigentlich ein Titel, stammt aus dem Sanskrit (→) und bedeutet soviel wie „Erleuchteter“.

Buddha, der Begründer des Buddhismus, wurde als Siddhartha Gautama um 563 v. Chr. als Sohn eines reichen Großgrundbesitzers in Nepal am Fuße des Himalaja geboren und erlangte durch jahrelange Wanderschaft und asketisches Fasten Erleuchtung.

Lord Buddha gehört zu den Aufgestiegenen Meistern und verkörpert die Energie der göttlichen Weisheit und die Liebe Gottes auf Erden. Er verbindet die Seelen mit ihrem Ursprung.

Als *Buddha* (= Erleuchteter) beschloss er aber, auf der Erde zu bleiben und seine Lehren zu verbreiten. Seine Energie bringt uns in die göttliche Weisheit, wir erkennen den „Plan“, den Ursprung allen Seins.

Cassiopeia (Kassiopeia)

- Sternbild des nördlichen Himmels, nach der Anordnung der Hauptsterne auch Himmels-W genannt.
- Elohim, der auf dem zweiten Strahl dient.
- Wurde vor langer Zeit zerstört. Einige Wesen von Cassiopeia, wie zum Beispiel Elyah, gingen ins Exil. Elyah „wohnt" jetzt auf einem blauen Mond im Sternbild des Wagens. Sie ist eine „Welle", wie sie sich selbst beschreibt. Ursprünglich bestand Cassiopeia aus zwölf Häusern, wobei jedes eine andere Aufgabe hatte.
- Die Energie von Cassiopeia ist sehr liebevoll und berührend.

Chakra

→ Sieben göttliche Strahlen

Chakren sind im Ätherkörper (→) verteilte Energiewirbel oder -zentren, die Energien (in Form von Licht) aus dem Kosmos in unser System transportieren, sie transformieren und sie dann in Form von anderer Energie wieder abgeben, wobei sie auf unseren physischen Körper einwirken.

Die Chakren können blockiert sein, was sich in der Farbe der Aura widerspiegelt.

Auch hier geht es darum, die Trennung, die durch dieses System hervorgerufen wird, zu transformieren und die Energie der Einheit Raum nehmen zu lassen.

Siehe die Zuordnung der einzelnen Chakren zu den sieben göttlichen Strahlen mit ihren Aspekten auf Seite 144.

In letzter Zeit sind fünf weitere Chakren aktiviert worden, die im Rückenbereich an der Wirbelsäule liegen. Sie sind auch nicht trichterförmig, wie früher angenommen, sondern kugelförmig, wenn sie entwickelt sind. Höhere Frequenzen machen eine Formänderung nötig, denn eine runde Chakrascheibe kann nicht so schnell rotieren wie eine perfekte Kugel. Das hat mit der Fliehkraft zu tun, denn auch die feinstofflichen Energien gehorchen den physikalischen Gesetzen, genau wie unser physischer Körper auch. Eine feinstoffliche „Scheibe“ würde ab einer bestimmten Drehgeschwindigkeit auseinander brechen. Eine Kugel kann die höhere Geschwindigkeit besser halten und sich außerdem ausdehnen, denn auch das geschieht, wenn der Mensch erwacht, was bei einer Scheibe sehr viel schwieriger wäre. In den anderen Energiekörpern befinden sich noch viele weitere Chakren, die erst allmählich bekannt und aktiviert werden.

Wenn Sie sich für die neuen Informationen zu den Chakren interessieren, empfehle ich Ihnen *„Das Regenbogenzeitalter“* von Patrizia Pfister → Bibliographie

Chakraphon

Ist ein Musikinstrument, das von Joga Dass entwickelt wurde. (Nähere Informationen und Kontaktadresse unter www.intunemusic.de). Die acht Töne sind aus der Naturtonleiter abgeleitet und stehen in Wechselwirkung mit den Energiezentren im Körper des Menschen. Ein Chakraphon zu spielen fördert den Ausgleich aller Körper und die Öffnung der DNS.

Chamuel

Erzengel, – dritter, rosafarbener Strahl. Engel der Liebe und Anbetung. Er fördert Dankbarkeit, die das menschliche Wachstum steigert.

Channel *(Englisch: Kanal)*

Ein Channel ist ein Dolmetscher für Energie bzw. für energetische Kommunikation = Medium.

Das heißt: Das/der Channel gibt Botschaften durch, die es aus der Geistigen Welt empfangen hat. Diese Wesen aus der Geistigen Welt können sein: Engel, Aufgestiegene Meister, Elfen, Feen, Devas, etc.

Ein Channel muss für diese Arbeit ausgebildet sein und selbst einen Entwicklungsprozess durchgemacht haben. Es sollte frei sein von Karma (das wäre der Idealzustand) und vor allem in der Lage, das eigene Bewusstsein/Ego/den Verstand in den Hintergrund zu stellen.

Nur wenn der Kanal so rein wie möglich ist, können die Botschaften ungehindert und rein hindurchfließen.

Früher haben die meisten Medien in Trance gearbeitet; diese Art der Arbeit hat sich verändert, und die meisten arbeiten heute nicht mehr in Trance, sondern in einem Zustand der tiefen Entspannung. Ihre Arbeit kann nicht hoch genug eingeschätzt werden. Allerdings sollte auch die Botschaften eines Channels mit Achtsamkeit behandelt werden, Achtsamkeit für das Medium, aber vor allem auch für sich selbst. Wenn Sie also keine Resonanz in Ihrem Herzen für die Botschaften empfinden, sollten Sie diese nicht, oder nur mit Vorsicht, annehmen.

Da die Menschheit einen ständig steigenden Grad der Bewusstheit entwickelt, wird der Schleier zwischen Diesseits und Jenseits immer dünner, und so sind immer mehr Menschen in der Lage, Botschaften aus der Geistigen Welt zu empfangen. Ob es allerdings die Aufgabe des Einzelnen ist, außer für sich selbst für andere zu channeln, mag der Verantwortung eines jeden Einzelnen überlassen sein.

Channeling

Sitzung/Veranstaltung, bei der ein Medium Botschaften aus der Geistigen Welt weitergibt (channelt) beziehungsweise diese zu Papier/in den Computer etc. bringt.

Chanti

Atlantis-Priester der Vergebung, – siebter, violetter Strahl.

Charity

Weibliche Ergänzung zu Erzengel Chamuel, – dritter, rosafarbener Strahl.

Christusbewusstsein

→ ICH-BIN(-Gegenwart)

Claire

Elohim Claire ist zuständig für die Reinheit des Plans für die Erde und das gesamte Universum, ist also verantwortlich für die Reinheitsflamme, die sich in all unseren

Körpern ausbreitet und damit den Kampf gegen dunkle Gefühle, Gedanken und Erinnerungen aufnehmen kann.

Clarity

Weibliche Ergänzung zu Erzengel Aquariel, – achter, aquamarinfarbener Strahl.

Clearing

- Befreiung von alten Mustern und Verhaltensweisen, von alten Gelübden, Schwüren und Flüchen, die den freien Fluss der Lebensenergie hemmen und den Menschen daran hindern, seinen Lebensweg frei und unbelastet von der Vergangenheit zu gehen.
- Verfahren, bei dem Besetzungen durch Seelen, die in der Dritten Dimension hängen geblieben sind und den Weg ins Licht noch nicht gefunden haben, beseitigt und diese ins Licht geschickt werden.

Co-Kreation

Laut Kryon (→) ein Attribut der Neuen Zeit (→) für die Menschen, die bereits in der Neuen Energie (→) sind, also ihr Karma abgearbeitet haben.

Ein Beispiel:

Wenn Sie durch geistige Verbindung zum Göttlichen und durch Meditation mit Ihrem Höheren Selbst ein Ziel oder einen Wunsch klar vor Augen haben und fühlen, dass dieses/dieser im Sinne des Universum ist, dann formulieren Sie den Wunsch/Gedanken und sprechen ihn laut aus. Dann allerdings ist Geduld angesagt.

Später, in der Fünften Dimension, wird ein einfacher Gedanke genügen, um Dinge zu kreieren.
→ *Präzipitation*

Constance

Weibliche Ergänzung zu Erzengel Jophiel, – zweiter, goldgelber Strahl.

☆☆☆

Dairamus

Atlantis-Priester der Akupunktur, – fünfter, grüner Strahl.

Damestes

Atlantis-Priester des Rebirthing, – zwölfter, opalfarbener Strahl.

Danina

Atlantis-Priesterin der Nächstenliebe, – dritter, rosafarbener Strahl.

Delfine *(Cetaceen)*

Haben das Bewusstsein der Fünften Dimension und gelten als sehr weit entwickelt.

Sie können mental Kontakt mit uns Menschen aufnehmen, wenn wir dieses möchten und dazu mit unserem eigenen Bewusstsein in der Lage sind.

Sie spielen eine wichtige Rolle beim Aufstieg der Erde. Unter ihnen gibt es Wesenheiten, die schon sehr hoch entwickelt sind, aber auch alle Stufen darunter. Allerdings ist bei den Delfinen die kritische Masse der spirituell Erwachten schon vor langer Zeit erreicht worden. Sie halfen mit am Umkehrpunkt der Erde (als deren Schwingung am tiefsten war), diese wieder langsam zu erhöhen und trugen mit dazu bei, dass die Erde ihren Aufstieg aus der tiefsten möglichen Frequenz beginnen konnte.

(P. P.)

Desdena

Atlantis-Priesterin der positiven Nutzung der Macht, – erster, blauer Strahl.

Deva

(Sanskrit: Himmlisches Wesen)

Geistige Wesen, sehr oft Naturgeister, die zum Beispiel in Bäumen (oder Kristallen) leben. Hier spricht man von Baum-Devas.

Nach der Lehre der Theosophie (→) helfen Devas, den Kosmos aufrechtzuerhalten.

Devane

Atlantis-Priesterin der Integration der Natur (insbesondere von Bäumen), – neunter, magentafarbener Strahl.

Diana

Weibliche Ergänzung zu Elohim Arkturus, – siebter, violetter Strahl.

Diandra

Atlantis-Priesterin der Sprache der Liebe, – sechster, roter Strahl.

Digra

Atlantis-Priesterin der Pflege des physischen Körpers, – vierter, weißer Strahl.

Diondras

Atlantis-Priester des Erkennens des falschen Wegs.

Djwahl Khul

Aufgestiegener Meister und Weltenlehrer, der auf dem goldenen Strahl dient, sich mit den höheren Aspekten der Astrologie beschäftigt und gemeinsam mit Alice A. Bailey viele Bücher über esoterische Philosophie verfasst hat.

Donna Grazia

Weibliche Ergänzung zu Erzengel Uriel, – sechster, roter Strahl.

Drachenenergie

Der Drache ist keine Gestalt oder Energie, die böse ist, wie sie oft in Märchen dargestellt wird. Im Gegenteil: Es ist eine machtvolle, kraftvolle Energie, die sehr eng mit dem Mutterplaneten Erde verbunden ist.

Die Drachen gehören zur Sternenrasse der Saphur (→), die unter anderem im Sternbild Zwilling lebt.

Dreifältige Flamme

Das Urlicht oder der Ursprung des Lichtes bzw. der Strahlenenergie, (auch Zentralsonne, Gott, Liebe, Licht genannt).

Dreifältige Flamme

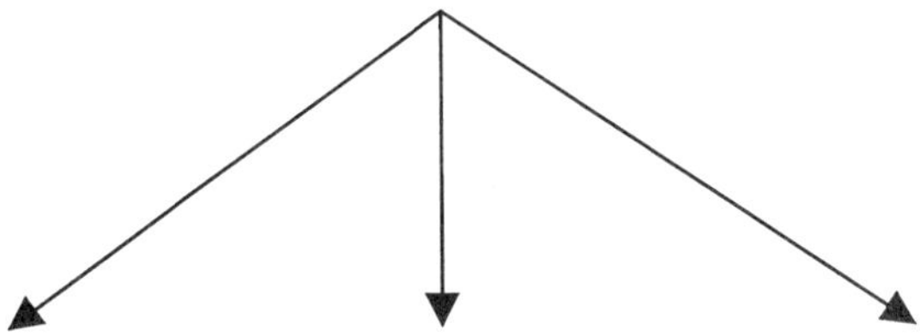

1. Strahl	2. Strahl	3. Strahl
Blau	Gold	Rosa
Bedeutung in der Religion: Vater	Sohn = kosmischer Christus	Hl. Geist = kosmischer heiliger Geist = Aeolus
Spirituelle Bedeutung: Wille, Macht, Kraft, Schutz Zielsetzung	Liebe, Weisheit, Dienen Christusprinzip	Aktive Intelligenz Ausführung
Lenker: El Morya	Lenker: Konfuzius	Lenkerin: Rowena

Dritte Dimension

Die Dritte Dimension ist die Dimension, in der wir zurzeit leben und aus der wir uns herausentwickeln in die fünfte.

Sie ist also die greifbare Materie, das, was uns Menschen sichtbar und anfassbar umgibt.

Dritter Strahl

Rosafarbener Strahl. Strahl der bedingungslosen göttlichen Liebe, der Toleranz, Menschlichkeit, Freiheit und nicht zuletzt der daraus entstehenden Kreativität.

Hier werden Ideen und Wünsche in die Form gebracht, was jedoch nur durch Liebe möglich ist.

Auf diesem Strahl diente bis 1964 Paul, der Venezianer, der in seiner letzten Inkarnation als Paolo Veronese (1528 – 1588) als Maler wirkte. Danach übernahm er das Amt des Maha Cohan.

Derzeitige Lenkerin: Aufgestiegene Meisterin Lady Rowena.

Zugeordneter Edelstein: Rosa Turmalin.

Drittes Auge

Das Dritte Auge ist kein körperliches Auge, mit dem man „normal“ sehen kann, sondern ein Chakra. Es befindet sich zwischen den körperlichen Augen oberhalb der Nasenwurzel. Mit ihm sind innere Bilder, die wie eine Art Film vor dem geistigen Auge ablaufen, zu sehen.

Es können auch Gefühle oder spontane Ideen sein, die Sie auf dieser Weise wahrnehmen.

Duales Universum

Hier können andersartige Erfahrungen gemacht werden als die, die in der Einheit, bei Gott, möglich sind und auf dem Vergessen basieren – mit der Möglichkeit, über sich selbst hinauszuwachsen und sich zu erinnern, wer wir in Wirklichkeit sind.

Dualseele

Die Seele kann sich in unterschiedlich viele Seelenanteile (bis zu 9, ggf. auch einige mehr) aufspalten, um den Inkarnationszyklus zu beschleunigen. Diese Seelenanteile gehören derselben Monade an und müssen nicht immer zur selben Zeit inkarniert sein.

☆☆☆

Eglaia

Atlantis-Priesterin des Ablegens der Eifersucht, – dritter, rosafarbener Strahl.

Ego

Das, was in einer irdischen Inkarnation als menschlich bezeichnet werden kann. Es besteht aus Verstand, Gefühl und Körper. *(Das Ego darf die Sprache des Herzens benutzen, um die Seele zu verstehen. „Helenes, Priesterin der Menschenführung aus Atlantis – Atlantis, Arbeitsbuch 1".)*

Elemental

Gedankengebilde, Ansammlung von Gedanken, die zu einem Glaubenssatz führen.

Elfter Strahl

Pfirsichfarbener Strahl. Steht für Freude, Fröhlichkeit und das Gefühl, das zu tun, was der Lebensplan vorsieht.

Derzeitiger Lenker: Maitreya.

Zugeordneter Edelstein: Rosa Koralle.

El Morya

Aufgestiegener Meister und Lenker des ersten Strahls.

Frühere Inkarnationen und Wirken: König Arthus; König Melchior – einer der drei Weisen aus dem Morgenland; König Rajput von Indien; Thomas More; Jacques de Molay – letzter Großmeister der Templer, Spartacus und Lethos, der Vater von Ramses II; und andere.

Strahlenfarbe:	Königsblau mit weißer Strahlung;
Lichttempel:	Physisch in Darjeeling (Indien) in einer Teeplantage;
Wochentag:	Sonntag;
Chakra:	Halschakra;
Edelstein:	Saphir;
Erkennungsmelodie:	*Pomp and Circumstance* von Sir Edward William Elgar;
Elohim:	Herkules und Amazone;
Erzengel:	Michael und Faith;
Aufgabenbereich:	Wille Gottes, Schutz, Macht, Kraft, Stärke, Selbstvertrauen.

Elohim

Sie sind reine, göttliche Wesen, die niemals irdisch inkarniert waren und dem Elementarreich entstammen. Aus der geringsten Lichtenergie haben sie sich mühevoll in Aeonen weiterentwickelt, um schließlich den menschlichen Körper, das Naturreich und letztlich den Planeten zu erbauen.

Sie unterstützen die Gestaltwerdung eines Plans.

- Herkules – erster, blauer Strahl,
  weibliche Ergänzung: Amazone.
- Cassiopeia – zweiter, goldgelber Strahl,
  weibliche Ergänzung: Minerva.
- Orion – dritter, rosafarbener Strahl,
  weibliche Ergänzung: Angelika.

- Claire – vierter, weißer Strahl,
  weibliche Ergänzung: Astrea.
- Vista – fünfter, grüner Strahl,
  weibliche Ergänzung: Kristall.
- Tranquilitas – sechster, roter Strahl,
  weibliche Ergänzung: Pacifica.
- Akturus – siebter, violetter Strahl,
  weibliche Ergänzung: Diana.

El Shadai

Steht für das Männlich-dynamische, also für den männlichen Aspekt Gottes.

Elyah

Sternenwesenheit von Cassiopeia. Der Name bedeutet: „Die Einheit, die ich bin."

Emeran von Bethlehem

Wesenheit der Geistigen Welt, Sprachrohr des Weltessenertums.

Emotionalkörper

Er birgt neben dem physischen Speicher der DNS auch die Erinnerungen an andere Inkarnationen, an Erlebnisse aus der Kindheit (Inneres Kind) und ist für jede Verteilung und Verwaltung von Energien auf allen Ebenen zuständig.

Hat auch sämtliche karmische Emotionen, das heißt, Gefühle wie Neid, Eifersucht, Hass, Wut, Angst usw. ge-

speichert. Er ist auch für die Ausrichtung unseres Gefühlszustands im heutigen Leben zuständig.
→ *Astralkörper*

Energiekörper

Bezeichnung für die Energie, die in den verschiedensten Formen, Frequenzen und Farben den Kosmos durchdringt und die unterschiedlichen Körper, Bewusstseinsebenen und Chakren (→) bildet.

Dabei unterscheidet man fünf Energiekörper: spiritueller (geistiger), mentaler (→ *Mentalkörper*), emotionaler oder Astralkörper (→), Ätherkörper (→) und physischer Körper.

Engel

Sind androgyne (geschlechtslose) Lichtwesen, die die Aufgabe haben, den Menschen zu dienen. Sie stellen eine Brücke dar zwischen den Menschen und Gott. Engel werden häufig mit Flügeln dargestellt, obwohl sie keine haben. Das ist ein Bild von uns Menschen, das wir uns gemacht haben, um sie besser begreifen zu können.

Engel sind Wesen des Lichts und des Geistes. Manchmal werden ihnen Farben und Elemente zugeordnet.

Auch hier gibt es unterschiedliche Systeme mit verschiedenen Einteilungen und Hierarchien. Auch in diesem Zusammenhang gilt die Huna (= Hawaiianischer Schamanismus) – Weisheit: Nimm das, was nützt!

Den Engeln ist es egal, wie wir sie einordnen, denn alle Modelle wurden von uns Menschen geschaffen, um sie zu erkennen und zu begreifen, – nicht von den Engeln.

Engel haben keinen freien Willen. Ihre Aufgabe ist es zu dienen, dafür muss man aber einen klaren Auftrag erteilen, sonst können sie nicht eingreifen.

Jeder Mensch trägt einen Engelsamen in sich. Manche Menschen erinnern sich an ihre Herkunft und verkörpern die Engelenergie und kommen auf die Erde mit dem Ziel, die Engelenergie in der Wirklichkeit zu verankern.

Jeder Mensch hat einen Schutzengel, der ihn begleitet und ihn beschützt.

Enoch

Erzengel. Seine Farbe ist Weiß. Er ist der Begründer des Essenertums und steht für Lehre und Priestertum.

Erster Strahl

Blauer Strahl. Strahl des Mutes, des göttlichen Wissens, der Macht, Kraft und des Schutzes.

Derzeitiger Lenker: Aufgestiegener Meister El Morya.

Zugeordneter Edelstein: Saphir.

Erwachen

Hiermit ist <u>nicht</u> das Erwachen des menschlichen Körpers zum Beispiel aus dem Schlaf gemeint, sondern der Zeitpunkt, an dem man erwacht und das Gewahrsein (die Gegenwart) Gottes in allem erkennt.

Von diesem Augenblick der Erkenntnis an wird man viele Dinge von selbst nicht mehr tun, die man vorher getan hat, oder Dinge tun, die man vorher noch nie getan hat, wodurch sich die Welt verändert.

Erzengel

Die Erzengel versorgen die einzelnen Strahlen energetisch, die jeweils von einem Aufgestiegenen Meister gelenkt werden.

Die Erzengel haben die höchste Schwingungsfrequenz und leben in den Ebenen sieben bis zehn, wobei der oberste Erzengel Metatron direkt am Thron Gottes sitzt. Jeder Erzengel ist eine individuelle Persönlichkeit mit einem ganz bestimmten Aufgabenbereich, der ihm von Gott zugeordnet wurde. Die Engel helfen den Erzengeln bei ihren Aufgaben.

Sie wirken im gesamten Universum und ihre Energie ist allgegenwärtig. Sie wirken, im Auftrag Gottes, an der Erfüllung des göttlichen Plans und handeln als seine Boten. Sie lenken die Führer der Menschheit, die die Geschicke der einzelnen Völker bestimmen, und lenken somit ganze Nationen, wobei sie den einzelnen Epochen Leitimpulse geben.

- Michael – erster, blauer Strahl,
  weibliche Ergänzung: Faith.
- Jophiel – zweiter, goldgelber Strahl,
  weibliche Ergänzung: Constance.

- Chamuel – dritter, rosafarbener Strahl, weibliche Ergänzung: Charity.
- Gabriel – vierter, weißer Strahl, weibliche Ergänzung: Hope.
- Raphael – fünfter, grüner Strahl, weibliche Ergänzung: Mutter Maria.
- Uriel – sechster, roter Strahl, weibliche Ergänzung: Donna Grazia.
- Zadkiel – siebter, violetter Strahl, weibliche Ergänzung: Amethyst.
- Aquariel – achter, aquamarinfarbener Strahl, weibliche Ergänzung: Clarity.
- Anthriel – neunter, magentafarbener Strahl, weibliche Ergänzung: Harmony.
- Valeoel – zehnter, goldener Strahl, weibliche Ergänzung: Peace.
- Perpetiel – elfter, pfirsichfarbener Strahl, weibliche Ergänzung: Joy.
- Omniel – zwölfter, opalfarbener Strahl. weibliche Ergänzung: Opalescence.

Esoterik

Ursprüngliche Bedeutung ist Geheimwissen. Dieses war früher nur wenigen Auserwählen zugänglich.

In unserem Zeitalter jedoch wird dieses Wissen offenbart, da es nun dringend gebraucht wird. Zusätzlich werden Informationen freigegeben, die bisher hier auf der Erde noch nicht bekannt waren.

Essener/Essenitische Bewegung

Die bekanntesten Essener lebten vor etwa zweitausend Jahren in Palästina (Schriftrollen von Qumran). Sie waren und sind eine spirituelle Gemeinschaft und verbreiteten ein neues Verständnis von der Bestimmung des Menschen und seiner Beziehung zu Gott, das aus Mitgefühl, Achtung vor dem Leben und einer Gleichstellung von Mann und Frau beruhte.

Jesus soll, nach Auffassung der weltweit verbreiteten Essenitischen Bewegung, Essener gewesen sein und von ihnen seine spirituellen Unterweisungen erhalten haben.

Nach Meinung der Essener, von denen viele wieder inkarniert sind, hat Jesus die Kreuzigung überlebt und war in einer Liebesbeziehung mit Maria Magdalena verbunden.

Excalibur

Großes, leuchtendes blaues Schwert von Erzengel Michael, auch bekannt als Schwert von König Arthus, mit dem Michael alte Muster, Verstrickungen – also Bindungen an die Vergangenheit in diesen und früheren Leben – durchtrennt und den Menschen davon befreit.

☆☆☆

Fahrine

Atlantis-Priester der Psychologie, – siebter, violetter Strahl.

Faith

Weibliche Ergänzung zu Erzengel Michael, – erster, blauer Strahl.

Farben der Strahlen 1 – 12 (und ihre Lenker)

In der Reihenfolge der Strahlen:

Blau	–	erster Strahl	–	El Morya
Goldgelb	–	zweiter Strahl	–	Konfuzius
Rosa	–	dritter Strahl	–	Rowena
Weiß	–	vierter Strahl	–	Serapis Bey
Grün	–	fünfter Strahl	–	Hilarion
Rot	–	sechster Strahl	–	Lady Nada
Violett	–	siebter Strahl	–	St. Germain
Aquamarin	–	achter Strahl	–	Maha Cohan
Magenta	–	neunter Strahl	–	Jesus Sanandá
Gold	–	zehnter Strahl	–	Kuthumi
Pfirsich	–	elfter Strahl	–	Maitreya
Opal	–	zwölfter Strahl	–	Sanat Kumara

Feinstoffliche (mediale) Fähigkeiten

Dazu gehören beispielsweise die Hellsicht, das Hellfühlen, das „Hellwissen", das Hellhören. Manchmal werden Sie auch als „Intuition", als „Sechster Sinn" oder als „Zweites Gesicht" beschrieben.

Felice

Atlantis-Priesterin des Gebetes, – neunter, magentafarbener Strahl.

Filter

→ *Schleier*

Finastes

Atlantis-Priester der Demut, – neunter, magentafarbener Strahl.

Fische-Zeitalter

Begann mit Jesu Geburt, die das rubinrote Zeitalter eingeleitet hat. Das Ziel war Frieden, Harmonie und Heilung, was aber, leider, ja wohl nicht erreicht wurde.

Freie Energie

Energie, die aus sich selbst heraus besteht, also nicht durch fossile Brennstoffe wie Erdöl, Kohle, Holz, etc. erzeugt wird.

Von der Freien Energie träumt die Menschheit seit langem.

Es gibt eine Reihe Theorien dazu. Eine geht davon aus, dass die Atlanter bereits mit der Freien Energie gearbeitet haben, indem sie ihre weit fortgeschrittene Kristalltechnologie genutzt haben. Nach dieser Aussage ist Atlantis durch den Missbrauch dieser Kristallenergie, also Sprengung des Haupttransponders von Atlantis, untergegangen.

→ *Bibliographie*

Freier Wille

Die Seele hat einen Lebensplan, aber jederzeit den freien Willen, diesen Plan zu ändern. Der freie Wille des Menschen wird niemals durch die Geistige Welt und ihre Helfer, beschränkt, auch nicht von Gott, oder angetastet. Wohl aber erhält sie Impulse, die ihr die Möglichkeit geben, sich an diesen Plan zu „erinnern", um dann wieder auf den „richtigen" Weg zu kommen.

Der freie Wille ist also das höchste Gebot und die höchste Instanz eines jeden Menschen.

Fünfdimensionale Farben

Diese gehen über unseren vertrauten Farbregenbogen hinaus. Sie haben mehr Transparenz und Leuchtkraft, so könnte man es beschreiben, und es gibt unzählige Farbnuancen. Sobald sich unsere 12-Strang-DNS wieder entwickelt hat, wird sich die Wahrnehmung des Farbspektrums erweitern, und wir werden wieder **alle** Farben, die es gibt, mit unseren physischen Augen erkennen können.

Im Moment ist der Zugang zu den fünfdimensionalen Farben häufig über die Hellsicht bzw. über mediale Fähigkeiten möglich. Kiria Deva arbeitet gerne mit ihnen, und wenn Sie das interessiert, empfehle ich Ihnen das erste Buch von Antan Minatti *„Kiria Deva und das Kristallwissen von Atlantis"*.

Fünfte Dimension

→ Goldenes Zeitalter

Wird auch das „Goldene Zeitalter" oder der „Neue Morgen" genannt, ebenso wie das „Zeitalter des Friedens" oder das „Neue Jerusalem".

Damit ist der Abschluss einer langen Reise der Menschheit gemeint. Man sagt, dass die Fünfte Dimension einfach nur fließendes Bewusstsein ist. Jeder ist sich der Einheit mit Allem-Was-Ist ständig gewahr, wird sein Mitschöpfertum leben, seine Christuspräsenz und sein göttliches Erbe, das wir alle sind, antreten. Es wird beispielsweise keine Krankheiten und keinen Mangel mehr geben. Wir alle werden die aktivierte 12-Strang DNS haben, und „Kosmischer Mensch" sein. Der Weg dorthin ist der „Aufstieg" in die Fünfte Dimension.

Dort leben wir in der eigenen, göttlichen Essenz, außerhalb der Matrix. Dort nehmen wir unsere Schöpferkraft wahr und nutzen sie. Hier fließt die Energie frei. Hier kann auch Freie Energie wahrgenommen und genutzt werden.

Fünfter Strahl

Grüner Strahl. Der fünfte Strahl steht für Konzentration, Wahrheit und Heilung und ist also besonders für alle heilende Berufe von Bedeutung.

Derzeitiger Lenker: Aufgestiegener Meister Hilarion.

Zugeordneter Edelstein: Smaragd.

☆☆☆

Gabriel

Erzengel, – vierter, weißer Strahl. Engel der Verkündung, der den Plan einer jeden Seele kennt, bevor diese erneut inkarniert. Er schickt den Menschen Impulse, damit diese immer wieder an ihren Plan erinnert werden.

Gabriel steht für das Element der Luft. Seine Farbe ist Weiß. Er steht für Klarheit und vermittelt den Kontakt zur Geistigen Welt, kann also besonders von Menschen, die im Aufbau dieses Kontaktes sind, zur Hilfe gerufen werden.

Gabriel steht für das Element Luft und somit Klarheit auf allen Ebenen.

Gaia

Nach der griechischen Erd-Göttin Gaia benannt, war Gaia der griechische Name für Mutter Erde, wobei man davon ausgeht, dass diese kein totes Gestein, sondern ein lebender, pulsierender Organismus ist, ein Öko-Mechanismus, der sich selbst reguliert. Damit ist Gaia ein Wesen, ein Bewusstsein, mit dem man auch kommunizieren kann.

So meldete sich in einem Channeling vor einiger Zeit *Lady Gaia.*

Galadria

- Fee (Hüterwesenheit), nicht gleichzusetzen mit Galadria aus „Herr der Ringe“.
- Wesen aus der Raumbruderschaft (→).

Gawine

Atlantis-Priester der Kombination vieler Wege zur Transformation, – siebter, violetter Strahl.

Gebet

Sprechen zu Gott.

Gidenes

Atlantis-Priester der Konfliktbearbeitung, – siebter, violetter Strahl.

Gläsernes Meer

Atlantische Bezeichnung für das Kristallgitternetz um die Erde. Das sind kristalline Schichten, die zu atlantischen Zeiten noch in einem „zähflüssigen", fließenden Zustand waren.

Glasala

Atlantis-Priesterin des Gedankenlesens, – achter, aquamarinfarbener Strahl.

Goldener Strahl

→ *Zehnter Strahl*

Auf ihm dienen:

Kuthumi:	früher zweiter, goldgelber Strahl.
Djwahl Khul:	Weltenlehrer.
Kenich Ahan:	Erleuchtung und Weisheit.
Laotse:	Alter chinesischer Weiser.

Sokrates:	Griechischer Philosoph und Schriftsteller.
Victory:	Siegreiches Vollbringen, wie die Bedeutung *(Englisch: Sieg)* schon deutlich macht.

Goldenes Zeitalter

Das Goldene Zeitalter hat mit dem ersten Tag des Jahres 2001 begonnen, nachdem zweitausend Jahre im Zeichen der Fische vollendet waren, die mit Jesu Geburt ihren Anfang hatten, der das rubinrote Zeitalter einleitete. Natürlich geht es hier nicht um genaue Jahreszahlen, sondern um die Symbolik.

Letztlich spürt jede Seele den genauen Beginn des Goldenen Zeitalters für sich und ihr Dasein.

Der tatsächliche spirituelle Beginn des Neuen Zeitalters setzt voraus, dass die Menschen das Ziel des sechsten, rubinroten Strahls erreicht haben – Frieden, Harmonie und Heilung. Nur wenn alle diese Aspekte verwirklicht sind, kann das Neue Zeitalter beginnen, das also vom Bewusstsein aller inkarnierten Menschen zu diesem Zeitpunkt abhängt.

Goldgelber Strahl

→ *Zweiter Strahl*

Gott

→ *Quelle*

Große Weiße Bruderschaft (und Schwesternschaft)

Die Mitglieder dieser spirituellen Vereinigung sind Wesen, die als Menschen auf der Erde inkarniert waren und nach ihrer letzten irdischen Inkarnation beschlossen haben, auf ihren persönlichen Aufstieg zu verzichten und der Menschheit weiterhin ohne physischen Körper als Freunde zur Seite stehen. Sie werden nach sieben Strahlen eingeteilt, in letzter Zeit auf zwölf erweitert. Dazu gehören Hilarion, Lady Nada etc. Die Gemeinschaft der Weißen Bruder- und Schwesternschaft wird in neueren Durchgaben als „Hohes Selbst der Erde" bezeichnet.

Der zypriotische Heiler Daskalos dient zum Beispiel auch seit dem Verlassen seines physischen Körpers in der Weißen Bruderschaft auf dem grünen Strahl.

„Weiß" bezieht sich nicht darauf, dass alle Mitglieder stets weiße Kleidung tragen, sondern dient als Symbol für die Reinheit im Herzen und die aufrichtige Absicht, zum Wohle des Ganzen zu wirken.

Grüner Strahl

→ *Fünfter Strahl*

Pallas Athene: Göttin der Wahrheit und Mitglied des Karmischen Rats.

☆☆☆

Haniel

Erzengel, seine Farbe ist Rosa. (Ätherischer Tempel über Frankreich). Er hat eine besonders liebevolle Schwingung und kümmert sich im Allgemeinen um Kinder, auch um das Innere Kind. Zum Beispiel bei Liebeskummer etc. kann man Haniel ansprechen.

Hannane

Atlantis-Priesterin der Lehrer/Erzieher, – zweiter, goldgelber Strahl.

Harmonische Konvergenz

Dieses Ereignis im August 1987 war ein Einfließen göttlicher Erleuchtung in unseren Planeten ohnegleichen, die von uns Menschen sowie von der Geistigen Welt gleichermaßen wirkungsvoll verankert wurde. Diese Energien arbeiten seit dieser Zeit weiter mit dem Ziel des Aufstiegs. Prophezeit ist für die nächsten Jahre ein massives Erwachen der Menschheit und eine Beschleunigung der Bewusstseinsentwicklung.

Das bedeutet: Wir werden uns an das, was wir wirklich sind und woher wir kommen, erinnern, wobei diese Erinnerung weit über die Erde hinaus in andere Dimensionen gehen wird.

Dabei wurden neben den bekannten sieben Strahlen fünf weitere aktiviert, die insgesamt bei allen inkarnierten Menschen den Lichtkörperprozess in Gang setzen.

Nur wenn der Mensch die Aspekte aller zwölf Strahlen integriert hat, wird er den Aufstieg aus der Dritten Dimension in die fünfte vornehmen können.

Die Harmonische Konvergenz ist also die Basis für die Umwandlung der Menschheit und der Erde, die im Moment in immer stärker werdendem Maße stattfindet.

Harmony

Weibliche Ergänzung zu Erzengel Anthriel, – neunter, magentafarbener Strahl.

Haton

Planetenbewusstsein und großer Wissensspeicher in diesem Universum, der unter anderem von den Raumgeschwistern (→) gespeist wurde.

Helios

Göttliches Wesen (seine Ergänzung ist Vesta). Beide sind sozusagen die Eltern unseres Sonnensystems. Gemeinsam sind sie ständig damit beschäftigt, die Lichtsubstanz aus der Zentralsonne herabzuziehen und wie in einem Lichtstrom zu verteilen, um ihre Planeten mit der erforderlichen Lichtsubstanz zu versorgen und einzuhüllen. Diese ist also das Lebenselixier beziehungsweise die Essenz allen sich entwickelnden Lebens.

Hellenis

Atlantis-Priesterin der Menschenführung, – dritter, rosafarbener Strahl.

Herames

Atlantis-Priester des Enthusiasmus, – elfter, pfirsichfarbener Strahl.

Herkules

Elohim, dient ebenfalls auf dem ersten, blauen Strahl und verstärkt den Aspekt des Willens und der Entscheidungskraft im Menschen. „*Gott bewahre mich vor schwankenden Menschen.*“ (C. Avalon: „*Wesen und Wirken der Weißen Bruderschaft*“)

Hilarion

Lenker des fünften Strahls.
Frühere Inkarnationen und Wirken: Apostel Paulus; Hl. Benedikt; Hl. Christophorus, Hippokrates; u. a.;

Strahlenfarbe:	Grün;
Lichttempel:	Ätherisch über Kreta;
Wochentag:	Donnerstag;
Chakra:	Drittes Auge;
Edelstein:	Smaragd;
Erkennungsmelodie:	*Onward Christian Soldiers* von Arthur Seymour Sullivan;
Elohim:	Vista und Kristall;
Erzengel:	Raphael und Mutter Maria;
Aufgabenbereich:	Konzentration, Wahrheit, Heilung.

Höheres Selbst
→ *Hohes Selbst*

Hohes Selbst
→ *Seele*

Die Energie des göttlichen Seins, das in allen Menschen verankert und präsent ist. Die Seele, unser göttlicher Funke, wird meist dem ersten Chakra oberhalb des physischen Körpers zugeschrieben. Dieses ist aber über den Spirituellen Körper auch überall in unserem Wesen verankert.

Wir beginnen jede spirituelle Arbeit mit einer bewussten Verbindung zum Hohen Selbst, um ein Handeln aus den Motivationen des Egos heraus so gering wie möglich zu halten.

Das Hohe Selbst fungiert somit als Mittler zwischen Geist und Materie und reagiert neutral gegenüber allen karmischen Aufträgen und Mustern. Sein Ausdruck ist der Impuls, die reine Intuition.

Durch die Verbindung zum Göttlichen hat das Hohe Selbst den Überblick und weiß, was der betreffende Mensch braucht, was sich allerdings nicht immer mit dem deckt, was das Bewusstsein hier unten auf der Erde glaubt zu brauchen.

Hope

Weibliche Ergänzung zu Erzengel Gabriel, – vierter, weißer Strahl.

Hyperborea

Schwingungsebene der zweiten Welt, einer Zeitqualität vor Atlantis mit der Ausrichtung auf Heilung. Wir können zum Beispiel Zugang zu dieser Ebene auch über das Wassergitternetz oder den Andreasgraben in Kalifornien aufnehmen und diese Heilenergie in der Farbe eines dunklen Grüns für uns nutzbar machen.

Sie ist verbunden mit der dunkelgrünen Turmalinschicht (laut Elyah).

☆☆☆

ICH-BIN(-Gegenwart)

Andere Bezeichnung der Neuen Zeit für Christusbewusstein. Wenn wir in unserem Christusbewusstsein sind, leben wir aus dem Herzen heraus, die bedingungslose Liebe zu Allem-Was-Ist – letztendlich das Ziel, um das es bei unserer spirituellen Bewegung und Entwicklung geht.

Es ist das Gefühl, Teil eines großen Ganzen zu sein, das Gefühl, niemals alleine zu sein; die Sicherheit, dass alles seine Ordnung und seinen Sinn im Leben hat, dass selbst die banalsten Dinge eine Bedeutung haben. Das gilt für die großen Geschehnisse im persönlichen Leben, aber auch für die nationalen und globalen Ereignisse.

In der ICH-BIN-Gegenwart zu sein bedeutet auch, zu akzeptieren, dass man nicht immer den Überblick hat und nicht immer alles verstehen kann. Es bedeutet, der Intuition zu folgen, ohne immer zu wissen, wohin sie führt. Und es bedeutet vor allem das Vertrauen, dass wir immer geführt werden, und im Bewusstsein zu leben, dass alles, was geschieht, für einen selbst als auch dem großen Ganzen dient.

Implantat

Ein zum Teil sehr negativ besetzter Begriff, der eine Zeitlang durch die einschlägige Literatur geisterte: Demnach hätten Außerirdische Implantate in unseren Körper gesetzt, um uns zu überwachen und zu kontrollieren. Nach neueren Durchgaben aus der Geistigen Welt erklärt sich der Begriff wie folgt:

Wir alle kommen mit Programmen und Kodierungen

auf die Welt, die wir uns selbst „eingesetzt" haben. Das heißt: Wir haben uns vor der Geburt überlegt, wen wir treffen wollen, um Karma abzuarbeiten, welche Erfahrungen wir machen wollen etc. Diese Programme sind in unserem Körper gespeichert, und das ist mit Implantat gemeint.
→ *Neutrales Implantat*

Imprint

Blaupause, mit der wir alle geboren werden –

Indigo-Kinder

Die Kinder der „Neuen Zeit", kommen, ähnlich wie die Kristallkinder, mit einer anderen DNS zur Welt. Sie sind oft bereits so geklärt und gereinigt, dass sie schon in der Neuen Energie sind oder aber sich nach sehr kurzer Zeit intensiv auf den Weg dorthin begeben können, weil sie die karmischen Auflösungen in der Form, wie wir sie noch kennen, nicht mehr durchschreiten müssen. Wenn einige von ihnen noch karmische Ursachen mitbringen, geht die Auflösung sehr schnell.

Sie kommen auf die Erde mit dem Gefühl, zu wissen, warum sie hier sind. Gezielt sind sie seit 1970 geboren worden, allerdings noch nicht in so großer Zahl wie in den letzten Jahren. Aber es gibt auch Indigo-Kinder, die bereits früher inkarniert sind – es sind Menschen, die meist wichtige Funktionen übernehmen und Neuerungen durchführen werden.

Sie bringen zum Teil noch starke Auflehnungsstrukturen mit und erscheinen oft wenig anpassungsfähig, weshalb ihr Weg meist mit vielen Steinen gepflastert ist. Ihre Aufgabe ist es unter anderem, Aufmerksamkeit zu erregen, was ihnen zweifellos gelingt, wie jeder von uns weiß, der bereits mit einem solchen Kind zu tun hat. Viele Kinder mit ADS (Aufmerksamkeitssyndrom), im Volksmund auch Hyperaktivität genannt, gehören zu diesen Kindern.

Inneres Kind

Der (heile) Teil in uns, der von seinem Ursprung her voller Lebensfreude, Neugierde, Vertrauen und Liebe ist.

Wenn dieses auf Grund von Erfahrungen in dieser oder in früheren Inkarnationen verletzt wurde, agieren wir nicht mehr frei, sondern reagieren ängstlich, trotzig, wütend oder traurig. Es sind also die schmerzhaften Erfahrungen, die wir in uns tragen und die uns daran hindern, unser Leben in Harmonie und Fülle zu leben.

Nur wer sein Inneres Kind geheilt hat, kann aktiv an der Gestaltung des Neuen Zeitalters mitwirken.

„Instantkarma“

Wenn in der Neuen Zeit noch Karma aufgebaut wird, kann, muss und darf dieses sofort oder sehr schnell danach auf die eine oder andere Weise abgebaut werden.

Intuition

Innere Stimme, die aus der Verbindung über das Höhere Selbst zum Göttlichen Impulse und Botschaften wahr nimmt (nicht mit den physischen Augen/Ohren) und dieser inneren Stimme folgt. Das sogenannte „Bauchgefühl“.

Invokation (Die große Invokation)

Anrufung, um die Seele mit der ICH-BIN-Gegenwart in Verbindung zu bringen und ihrem wichtigen Auftrag zu folgen. In dieser Anrufung werden alle hohen Energien gebeten, sich an der wichtigen Arbeit der Lichtarbeiter zu beteiligen.

Text siehe Anhang Seite 146

Irina

Fee und Botschafterin des „Kleinen Volkes“.

Ihre Aufgabe ist es, den Menschen die Augen und die Herzen für die Schönheit der Erde und der physischen Körper zu öffnen und eine Verbindung zu ihrem Volk sein.

(Av. M.)

Isis

Muttergottheit des ägyptischen Pantheons (Götterhimmel), Schwester und Gemahlin von Osirus und Mutter von Horos, häufig mit Flügeln, einer Sonnenscheibe oder mit einer Schlange dargestellt. Sie ist eine Sternenwesenheit von Sirius. Auch Isis beziehungsweise ihre Priesterinnen waren und sind Töchter der Shekaina (→).

Viele von den Menschen, die heute inkarniert sind, waren einst Priesterinnen der Isis.

☆☆☆

Jehre

Atlantis-Priester der Selbstsicherheit, – elfter, pfirsichfarbener Strahl.

Jesus

→ *Sanandá*

Aufgestiegener Meister und Lenker des neunten Strahls.

Seine Inkarnation als Jesus der Christus ist wohl jedem bekannt.

Johsare

Atlantis-Priester der Entgiftung und Reinigung, – vierter, weißer Strahl.

Jophiel

Erzengel, – zweiter, goldgelber Strahl.

Arbeitet auf diesem Strahl im Sinne der Weisheit und Erleuchtung. Er unterstützt Lehrer, Erzieher, Künstler u. a., vor allem nachts in seinem Tempel, und gibt ihnen Träume und Eingebungen.

Joseres

Atlantis-Priester der inneren Stimme, – achter, aquamarinfarbener Strahl.

Josira

Atlantis-Priesterin der kreativen Kommunikation, – erster, blauer Strahl.

Joy

Weibliche Ergänzung zu Erzengel Perpetiel, – elfter, pfirsichfarbener Strahl.

☆☆☆

Kamakura

Dient auf dem violetten Strahl und unterstützt Saint Germain mit dem goldgelben Strahl der Weisheit. (Grundsätzlich arbeitet er auf dem violetten Strahl, hat jedoch starke Energieaspekte von Kuthumi in sich.)

Tempel ätherisch über dem Fudschijama in Japan.

Karma

Gesetz von Ursache und Wirkung, nach dem alles, was geschieht, auf den Verursacher zurückfällt – im positiven wie im negativen Sinne.

Sinn unseres Lebens ist es, Karma in diesem oder in einem anderen Leben auszugleichen und das gut zu machen, was wir einer anderen Seele, gegebenenfalls in einem früheren Leben, angetan haben. Dazu treffen wir vor unserer Inkarnation entsprechende Verabredungen mit anderen Seelen und suchen uns Situationen aus, in denen wir uns weiterentwickeln und unser Karma abbauen können.

Es geht also nicht um Schuld oder Nichtschuld, wie man uns immer wieder glauben machen möchte, denn wenn eine Seele ihre irdische Hülle abgelegt hat, erkennt sie sozusagen aus einer „höherer Warte“ den Hintergrund der Geschehnisse. Hat sie neues Karma geschaffen oder ist es ihr nicht gelungen, altes Karma abzubauen – möchte sie unbedingt in einem nächsten Leben dieses ausgleichen und reinkarniert mit diesem festen Willen und Ziel, vergisst diese Pläne aber bei der neuen Inkarnation, was die ganze Sache mit dem Karma bisher so schwierig gemacht hat.

In einer neueren, gechannelten Durchsage von Erzengel Michael habe ich allerdings gelesen, dass es NICHT im göttlichen Plan vorgesehen ist, Erfahrungen wie sexuellen Missbrauch oder Gewalt im Vorfeld zu verabreden, sondern dass diese Geschehnisse mit Macht und Machtstrukturen in diesem Leben zu tun haben, was für mich persönlich sehr gut nachvollziehbar ist.

Wenn die Seele ihre irdische Hülle abgelegt hat und in dem Zustand ist, in dem sie Überblick über alles hat, erkennt sie von sich aus, was sie falsch gemacht hat, und beschließt dann freiwillig, in einem nächsten Leben dieses bei dem betreffenden Menschen wieder gut zu machen.

Karmafreiheit

Bedeutet, dass wir kein „altes" Karma mehr abtragen müssen. Es bedeutet aber nicht, dass wir die Erinnerungen des Karmas nicht noch ansehen müssen, um dieses endgültig aus unserem Energiefeld entfernen zu können. Wir müssen also nichts mehr abtragen, aber alte Muster ansehen, um uns dann von den schmerzlichen Erinnerungen trennen zu können (laut Kryon).

Kausalkörper

Im Kausalkörper sind alle Fähigkeiten, alle guten Aspekte und Taten gespeichert, die eine Seele im Laufe ihrer Leben angesammelt hat.

El Morya hat es einmal so bezeichnet: „Er ist eine Art Schaltzentrale nach allen Seiten hin: Nach unten zum physischen Körper hin regelt er die Schwingungserhöhung im Sinne des Lichtkörperprozesses, die Zufuhr neuer Energie; nach oben hin bestimmt er den weiteren Zugang zur Überseele, also zu unserem Christusbewusstsein, unserem ICH-BIN. Er stellt somit eine Art gesunden Schutzmechanismus dar, der nicht manipuliert werden kann". (C. A.: *„Die zwölf göttlichen Strahlen"*).

Kenich Ahan

Dient auf dem goldenen Strahl der Erleuchtung und Weisheit.

Sein Tempel ist physisch in Yucatan Mexiko. Er hütet das Wissen der Maya und ist stark verbunden mit Helios und Vesta.

Kiara

Atlantis-Priesterin der Zielsetzung, – erster, blauer Strahl.

Kinder der Neuen Zeit

→ *Indigo-Kinder*
→ *Kristallkinder*

Die Neuen Kinder kommen bereits mit einer aktivierten Merkabah auf die Welt, was bedeutet, dass sie ihr Hohes Selbst bereits in diese integriert haben. Diese Kinder fangen also auf einer Stufe an, die die Erwachsenen der alten Generation meist erst noch erreichen müssen.

Kiria Deva

Eine Kristallwesenheit (ein Deva) aus der Zeit von Atlantis, welche die Heilung der Trennung in sich vollzogen hat und uns jetzt behilflich ist, den lichten, also heilen Fokus von Atlantis wieder erstehen zu lassen.

Über die Lichtsäule vom „Lichtgarten“ in Innsbruck sind Bergkristalle mit der Energie von Kiria Deva geladen worden.

Sie arbeitet seit einiger Zeit eng mit Elyah zusammen.

Kiria Deva-Kristalle

Bergkristalle, die im Lichtgarten in Innsbruck über die Lichtsäule bei Neumond mit der Kiria Deva und fallweise mit Erzengel-Energien geladen werden. Das Besondere an diesen Kristallen ist unter anderem, dass sie nicht entladen werden können und nicht gereinigt werden müssen, wie andere Kristalle, da sie keine negativen Energien aufnehmen können.

Kitho

Atlantis-Priester der Manifestation, – sechster, roter Strahl.

Kleines Volk

→ *Blaues Volk*

Kollektivbewusstsein von Andromeda

Dieses ist ein Sternenwesen, das durch einzelne Aspekte wie eine eigenständige Persönlichkeit innerhalb des Kollektivs mit uns Menschen kommunizieren kann. Es fördert Leichtigkeit und Lebensfreude und lehrt die Heilkraft von Farben und wie diese für die Harmonisierung der Körper in der jetzigen Zeit des Übergangs genutzt werden können. Um mehr über die Energie von Andromeda zu erfahren, empfehle ich Ihnen das Buch von Barbara Vödisch *Botschaften von Andromeda*.

Konfuzius

Aufgestiegener Meister und Lenker des zweiten Strahls.

Strahlenfarbe:	Goldgelb;
Lichttempel:	Tempel der Präzipitation – physisch im Teton-Gebirge in den Wyoming-Rocky-Mountains in Nordamerika;
Wochentag:	Montag;
Chakra:	Scheitelchakra;
Edelstein:	Herkimer Diamant;
Erkennungsmelodie:	*Oh, du mein holder Abendstern* von Richard Wagner;
Elohim:	Cassiopeia und Minerva;
Erzengel:	Jophiel und Constance;
Aufgabenbereich:	Lehren, alte Weisheit, Erleuchtung, Erkennen des göttlichen Planes.

Körperebenen

Wir teilen das System der Menschen in vier verschiedene Ebenen/Körper ein.

→ *Physisch*
→ *Emotional*
→ *Mental*
→ *Spirituell*

Jedes System der Einteilung in verschiedene Ebenen des Körpers ist willkürlich und sollte nur als Veranschaulichung dienen. Die Trennung in verschiedene Ebenen ist eine Illusion, wie jede Energie der Trennung.

Kosmischer Mensch

Das Bewusstsein des Einsseins mit der eigenen Göttlichkeit.

Der Kosmische Mensch ist sich seiner ICH-BIN-Gegenwart (→) bewusst, ist erwacht und lebt in der Fünften Dimension.

Kristall

- Weibliche Ergänzung zu Elohim Vista, – fünfter, grüner Strahl.
- Edelstein mit einer kristallinen Struktur.

Kristallgitter(netz)

→ *Kristallschichten*

Kristallkinder

Sie sind alte Seelen, die eine andere Auraschwingung haben als die Indigo-Kinder und noch weiter entwickelt sind als diese, da ihre DNS-Stränge bereits weiter aktiviert sind und ihre Imprints noch klarer.

Sie kommen bereits mit einer kristallinen, also einer klar gerichteten Struktur, auf die Erde, die der des Kosmischen Menschens schon sehr viel näher ist. Sie kommen sozusagen mit einer neuen Blaupause und bringen Gelassenheit und Selbstverständnis des Göttlichseins mit sich, sowie eine wunderschöne schillernde Aura. Besonders auffallend sind ihre großen Augen, die ihre alterslose Weisheit zum Ausdruck bringen. Sie bezaubern durch Liebe, die sie ausstrahlen. (www.TheCrystalChildren.com.)

Kristallkinder sind seit etwa 1996 auf der Erde zu finden und werden viele Veränderungen hervorrufen.

Wegen ihrer Liebe zu Kristallen heißen sie „Kristallkinder".

Kristallschichten

Es gibt 144 Schichten, die zu atlantischen Zeiten noch ein fließendes Bewusstsein waren und „Gläsernes Meer" (→) genannt wurden. Sie stehen mit den Turmalinschichten in Verbindung und in der Zeit von Atlantis auch mit der Pyramide von Poseidonis, um Sternenenergien in der Materie zu verankern und diese dadurch zu formen und den Sternengeschwistern antworten zu können (laut Elyah).

Kryon

Ist ein Wesen aus der Familie der Erzengel, der Familie der Schwerter, und Erzengel Michael ist sein Bruder.

Nach neueren Channelings gehört auch er zur Weißen Bruderschaft.

„Er“ ist keine einzelne Wesenheit, sondern setzt sich aus verschiedenen Gruppenaspekten zusammen – aus Farben, Tönen, Schwingungen, Formen, Geometrie und ist direkt mit der *Quelle* verbunden.

Ein Teil von ihm ist bereits gegangen und hat in anderen Bereichen des Universums neue Aufgaben übernommen. Ein großer Teil seiner Energien ist jedoch geblieben. Seine ursprüngliche Aufgabe war die Richtung des Magnetgitters.

Seine Farbe ist Kupfer, ein Nebenstrahl der roten Energie.

Kundalini *(Sanskrit: Schlange)*

Die weibliche, göttliche Lebens- und Schöpferkraft.

In den heiligen Schriften der Hindus die Energie, die als zusammengerollte Schlange dargestellt wird und am unteren Ende der Wirbelsäule sitzt. Sie kann durch Meditation oder Yoga-Übungen geweckt werden. Dabei steigt die Energie die Wirbelsäule hinauf und aktiviert die sieben Chakren, bis sie das oberste Chakra (→), das Scheitel-Chakra, erreicht, wo sie das Erlebnis der Erleuchtung bewirkt. Diese Übungen sind äußerst wirkungsvoll, können aber, wenn man sie ohne Lehrer durchführt, nicht ungefährlich sein.

Kuthumi

Aufgestiegener Meister und Lenker des zehnten Strahls. Ehemals Lenker des zweiten, goldgelben Strahls.

Frühere Inkarnationen und Wirken: Franz von Assisi; und weitere.

Er ist u.a. zuständig für die Tiere.

Kwan Yin

Kwan Yin ist die Aufgestiegene Meisterin des Mitgefühls und der Barmherzigkeit. Ihre Energie hilft uns, tiefes Mitgefühl zu entwickeln, und dieses in uns und den Menschen, die uns begegnen, zu manifestieren. Wichtig dabei ist, zwischen Mitgefühl und Mitleid zu unterscheiden. Mitleid blockiert Energien, während wahres Mitgefühl Energie überträgt.

Mit der Hilfe von Kwan Yin lernen wir, anzunehmen, ohne zu bewerten, auch Erfahrungen, die vermeintliche Irrwege sind.

Kwan Yin dient auf dem violetten Strahl. Bei den Chinesen gilt sie als Mutter Maria. Ihr Tempel ist ätherisch über Peking.

☆☆☆

Lady Nada

Lady Nada ist die Aufgestiegene Meisterin der Liebe und Sinnlichkeit und Lenkerin des sechsten Strahls. Sie zeigt uns mit ihrer Energie, dass es im Leben darum geht, lust- und liebevoll mit uns selbst und anderen Menschen umzugehen. Ihre Energie hilft uns, einen liebevollen Umgang mit unserem Körper zu finden und zu leben.

Ihre Channelings und Bücher sind getragen von der bedingungslosen Liebe für alle Wesen.

Frühere Inkarnationen und Wirken:
Priesterin in Atlantis; Maria Magdalena; Klara von Assisi, Scholastika (Schwester des Hl. Benedikt); Teresa von Avila; Hildegard von Bingen hatte Anteile von ihr. In vielen ihrer Inkarnationen war sie als Heilerin und Kräuterkundige tätig.

Strahlenfarbe:	Rubinrot mit Gold;
Lichttempel:	Innerhalb der sechsten Sphäre (hier wirken auch Jesus und Mutter Maria);
Wochentag:	Freitag;
Chakra:	Solarplexus;
Edelstein:	Rubin;
Erkennungsmelodie:	*A perfect day* von Bond, für Nada selbst: *Serenade* von Franz Schubert;
Elohim:	Tranquilitas von Pacifica;
Erzengel:	Uriel und Donna Grazia;

Aufgabenbereich:	Frieden, geistige Heilung, echtes Priestertum, Hingabe, Dienen, Gnade, Mitglied des Karmischen Rates.

Hat das Amt als Lenkerin des sechsten Strahls 1956 von Jesus übernommen, als dieser zum Weltenlehrer aufstieg. Nada bedeutet im Spanischen „nichts". Sie hat sich ihren Aufstieg durch selbstloses Dienen und Demut erarbeitet.

Lady Portia

Aufgestiegene Meisterin, die auf dem violetten Strahl dient und für Gerechtigkeit steht. Sie ist die Zwillingsflamme von Saint Germain und Mitglied des Karmischen Rates. Sie arbeitet am Thema Beurteilung und Verurteilung, da alles, womit wir andere be- und verurteilen, als Spiegel auf uns selbst zurückfällt.

Lady Rowena

Aufgestiegene Meisterin und Lenkerin des dritten Strahls.

Frühere Inkarnationen und Wirken:

Priesterin in Atlantis; Aphrodite; Johanna von Orléans; Hl. Bernadette; Marie Antoinette; Maria Stuart;

Strahlenfarbe:	Rosa;
Lichttempel:	Ätherisch in Südfrankreich im Rhônetal – Château de Liberté;

Wochentag:	Dienstag;
Chakra:	Herzchakra;
Edelstein:	Rosa Turmalin;
Erkennungsmelodie:	*Marseillaise;*
Elohim:	Orion und Angelika;
Erzengel:	Chamuel und Charity;
Aufgabenbereich:	Freiheit, Toleranz, Barmherzigkeit, Schönheit, göttliche Liebe.

La Morae

Aufgestiegene Meisterin, die auf dem weißen Strahl dient und für Harmonie steht, wodurch eine Erhöhung der Schwingung möglich wird. Tempel ätherisch über Madagaskar.

Lanto

Aufgestiegener Meister und ehemaliger Lenker des zweiten, goldgelben Strahls.

Laotse

Aufgestiegener Meister, der auf dem goldenen Strahl dient. Als chinesischer Weiser (4. oder 3. Jahrhundert v. Chr.) inkarniert, schrieb er in dieser Inkarnation das *Tao te King.* Arbeitet intensiv mit Kwan Yin zusammen. Seine Schüler sind oft Erzieher, Lehrer, Sozialarbeiter, Tai-Chi-Lehrer etc.

Lara

- Atlantis-Priesterin des Wissens, – zwölfter, opalfarbener Strahl.
- Delfin-Wesenheit, die ebenfalls zur Weißen Bruderschaft gehört.

Laris

Atlantis-Priesterin der spirituellen Medizin, – fünfter, grüner Strahl.

Lejana

Atlantis-Priesterin der Meditation, – neunter, magentafarbener Strahl.

Lemuel

Aufgestiegener Meister. Seine Strahlenfarbe ist Blau-Gold-Rosa. Er steht für Stärke und Ausgeglichenheit und arbeitet mit der Naturwelt, also Elfen, Feen und Zwergen.

Sein Tempel liegt ätherisch über dem Berg Kosciusco in Australien.

Lemura

Atlantis-Priesterin der friedlichen Kommunikation, – siebter, violetter Strahl.

Lemurien

Auch hier gehen die Aussagen über den Zeitpunkt auseinander. In einigen Schriften heißt es, Lemurien läge achtzehn Millionen Jahre zurück; in anderen wird die Zeit von Lemurien mit der Zeit von Atlantis gleichgesetzt und als Teil des einen Kontinents, der Urkraton genannt wurde, beschrieben. (Die Hauptstadt war *Mu.)*

Lenduce

Wesen aus der Solaren Bruderschaft (→)

Lernfeld der Einheit

Dieses ist eine Übung von Elyah, durch die man in die bewusste Einheit mit einer Situation, einem Gegenüber oder einer Energieform geht (siehe *„Erdenwege“*, Lichtrad-verlag).

Lestras

Atlantis-Priester der Freude, – elfter, pfirsichfarbener Strahl.

Lichtarbeiter

Menschen, die freiwillig zugestimmt haben, ihren Licht-körperprozess beschleunigt ablaufen zu lassen.

Lichtarbeiter deshalb, weil sie einerseits für das Licht, die Quelle, arbeiten, andererseits auf einem der zwölf gött-lichen Lichtstrahlen dienen und sich bereit erklärt haben, der Menschheit bei ihrem Bewusstwerdungsprozess zu helfen.

Lichtkörper

Bei dieser Vorstellung geht man davon aus, dass der Mensch aus Licht = Energie besteht, der Mensch aber in der Vergangenheit dieses Licht geleugnet hat, da er in der Dichte der Materie verstrickt war und sein eigenes Licht und das der anderen nicht mehr hat wahrnehmen können.

Durch den Lichtkörperprozess, also die Reinigung von allen Schlacken der dichten Materie, wird die Schwingung des Menschen erhöht. Er wird damit „klarer" auf allen Ebenen und lebt dann letztlich wieder das, was er eigentlich ist: Ein Lichtwesen.

Lichtkörperprozess

Klärung- und Reinigungsprozess = Prozess des inneren Wachstums, der 1987 bei allen Menschen aktiviert wurde und bei dem sämtliche Körper, sowohl der grobstoffliche als auch die feinstofflichen, von allen Schlacken, also dem physischen, mentalen, geistigen, emotionalen und seelischen Müll, der sich im Laufe vieler Erfahrungen und Inkarnationen angesammelt hat, gereinigt werden. Dabei wird die gesamte Vergangenheit aus diesem und allen anderen Leben geklärt. Es ist ein Loslassen aller negativ besetzten Erfahrungen und ein Konzentrieren auf das, was man dabei gelernt hat, denn als Lernlektion waren sie gedacht und nicht, um Verletzungen hervorzurufen. (P. P.)

Der Lichtkörperprozess ist somit der Brückenbau zu unserem Selbst, und von dort zur Quelle allen Seins.

Erst nach Beendigung dieses Prozesses kann der „Aufstieg" in die Fünfte Dimension erfolgen.

Ein Aufstieg ist nur möglich, wenn sämtliche Karmaanteile aufgelöst sind.

Hierbei werden die Schwingungen des Menschen erhöht, um mit neuen, sehr hohen Energien arbeiten zu können.

Dabei kann es zu Begleiterscheinungen auf der körperlichen, seelischen aber auch geistigen Ebene kommen.

Der Lichtkörperprozess bedeutet also: Alle Schichten um den Lichtkörper werden aufgelöst, alle Schichten in den und um die Chakren werden umgewandelt und dadurch in schnellere Drehung versetzt und alles hat den Sinn der Frequenzerhöhung für jeden Einzelnen und für das große Ganze. Und es bedeutet auch, dass alle selbst auferlegten Beschränkungen wieder aufgehoben werden!

Lichtnahrung

Bedeutet, sich ausschließlich von Energie, von Prana, von Licht zu ernähren, ohne etwas grobstofflich zu essen, und manchmal auch, ohne zu trinken.

Jasmuheen, eine australische Heilerin, praktiziert dieses angeblich, was aber unter Medizinern und selbst in der spirituellen Szene sehr stark umstritten ist, da unser physischer Körper zum gegenwärtigen Zeitpunkt, bis auf geringe Ausnahmen, noch nicht in der Lage ist, sich vor allem auch ohne Wasser nur von Licht zu ernähren.

Wenn unsere physischen Körper den Umwandlungsprozess abgeschlossen hat und die 12-Strang DNS aktiviert sein wird, dann ist diese Art der Nahrung möglich.

Lichtsäule

Eine Lichtsäule ist ein energetisches Gebilde, das an bestimmten Orten von Menschen, die die Erlaubnis und Fähigkeit dazu haben, verankert werden kann. Sie ist uns behilflich, eine bestimmte Schwingungsebene, die je nach Farbe/Energie eine besondere Qualität in sich birgt, zu halten und zu nutzen.

Ligatha

Atlantis-Priesterin für Yoga, Tai Chi, Qi Gong, Autogenes Training u. a., – zweiter, goldgelber Strahl.

Logos (Planetarischer)

Das göttliche Prinzip, die Vernunft Gottes als Weltschöpfungskraft, die über allem steht.

Lord Divino

Name von Lord Gautama als Buddha = Erleuchteter.

Lord Gautama

→ *Buddha*

☆☆☆

Mafese

Atlantis-Priester des Mutes und der Kraft, – erster, blauer Strahl.

Magentafarbener Strahl

→ *Neunter Strahl*

Maha Cohan

Aufgestiegener Meister und Lenker des achten Strahls, der den Heiligen Geist für die Erde repräsentiert und die Lichtsubstanz (→ *Helios,* → Aeolus) herablenkt in seine Sphäre, um sie, je nach Bedarf, über die sieben kosmischen Strahlen der Weißen Bruderschaft (= Weltenstrahlen) in das Reich der Menschen, das Elementarreich und das Naturreich zu verteilen.

Er empfängt von Aeolus die universelle Lichtsubstanz und gibt sie an die Meister und Weltenlehrer weiter. (C. A.)

Die Schüler dieses Meisters haben Zugang zu allen Strahlen. Dies gilt zwar für uns alle, aber die Schüler von Maha Cohan haben gezielt die Aufgabe, diese Vielfältigkeit ständig in ihrer Arbeit einzubinden. Trotzdem wählen die Schüler von Maha Cohan einen bestimmten Seelenstrahl für die Inkarnationen, in der Regel den rosafarbenen Strahl.

Mahatma

Anderes Wort für Meister. Kommt aus dem indischen Bereich.

Maitreya

Aufgestiegener Meister und Lenker des elften Strahls.

Kosmischer Christus/Weltlehrer. Er ist das Oberhaupt der Weißen Bruderschaft. Er hilft den Seelen, ihr Bewusstsein zu entwickeln, indem sie mit der Wirkung des Buddha (→) konfrontiert.

Maitreya überschattete das Leben Jesu. Mit Überschatten ist gemeint, dass Jesus als Mensch Maitreya als Medium diente. Er versuchte, durch seine Arbeit wie jedes andere Medium auch, der Geistigen Welt zu dienen, hier Maitreya im Sinne des Christusbewusstseins. Nicht umsonst heißt es: der Christus muss wieder auf die Erde zurückkommen. Das bedeutet nicht, dass Jesus nochmals inkarniert, sondern damit ist gemeint, dass das Christusbewusstsein in allen Menschen erwachen muss, um überhaupt ein Goldenes Zeitalter in die Wege leiten zu können. Das ist im Grunde genommen die Aufgabe der Menschen geworden, nachdem sie Jesus nicht anerkannten.

Maitreya stieg nach Sanat Kumaras Rückkehr zur Venus zum Buddha auf, während Jesus, Kuthumi, Djwahl Khul und Lanto durch ihren weiteren Aufstieg den kosmischen Christus repräsentieren.

Manifestation

Einen Gedanken mit Energie füllen. Gedanken, in die viel Energie gesteckt wird, werden zur Realität, wozu jeder einzelne Mensch die Kraft hat.

Beispiel: Wer Angst vor Krebs hat, also sich ständig mit dieser oder anderen Krankheiten beschäftigt (Angst ist eine sehr starke Kraft!), wird diese Realität manifestieren und krank werden.

Im positiven Sinne können wir alles kreieren, was wir möchten:

Wer zum Beispiel mit dem Gedanken losfährt: Ich bekomme dann und dann, da und da einen Parkplatz (und vielleicht noch die Engel/geistigen Helfer um Hilfe bittet) wird mit Sicherheit einen Parkplatz finden.

→ *Co-Kreation*
→ *Präzipitation*

Mantra

Silbe oder Wort, oft aus dem Sanskrit, das für uns keinen Sinn hat und daher nicht von der Konzentration ablenkt. Es wirkt nicht über den Sinngehalt, sondern über die Laut-Energie und kann laut oder im Geist wiederholt werden, um in tiefere Bewusstseinszustände zu gelangen.

Das bekannteste Mantra ist → *OM.*

Manu

Sehr hohes Geistwesen, das die aus der Lichtenergie gebildeten Geistwesen durch alle sieben Sphären leitet, um ihren Kausalkörper aufzubauen. Das hat mit der Entstehung der Erde und dem Beginn des Karmas zu tun.

Mars

Bei den ursprünglichen Bewohnern vom Mars handelt es sich um eine Lichtkriegerschaft, die ihren Stern verlassen musste und inzwischen auf dem Saturn weilt, da die

Möglichkeit, auf dem Mars zu leben, zerstört wurde.

Ein bekannter Marsianer ist Monka.

Die Farbe der Mars-Lichtkriegerschaft ist Weinrot-gold.

Matrix

Ist eine Schablone, eine Hülle, ein Hologramm, das uns eine bestimmte Form der Wirklichkeit vorspielt. Sie wird durch die Transponder und das Morphogenetische Feld aufrechterhalten.

Meditation

Den Worten Gottes zuhören.

Meister

Ein hochentwickelter spiritueller Lehrer.

In der Theosophie (→) eine Gruppe vollendeter Wesen, die, für die meisten Menschen unsichtbar, in entfernten Regionen Tibets leben und über die geistige Entwicklung der Menschheit wachen. Sie können auch in einem physischen Körper erscheinen und sollen über ungeheure Fähigkeiten verfügen. Einem Meister untergeordnet sind die „eingeweihten Jünger", die unerkannt in der Welt leben und die Aufgaben der Meister ausführen.

Heutzutage versteht man unter einem Meister ein reines Geistwesen und spricht oft von Aufgestiegenen Meistern (→).

Melchisedek

Erzengel, seine Farbe ist Weiß. Er steht für kosmische Weisheit (die Weisheit der Seele).

Menedes

Atlantis-Priester des Schutzes der Umwelt, – zweiter, goldgelber Strahl.

Mentalkörper (Verstand!)

Er stellt die dritte Ebene dar und ist das Feld der Gedanken und Überzeugungen, kreiert Neues und ist mit dem Morphogenetischen Feld verbunden, aus dem er Anregungen und Verhaltensweisen empfängt.

Das Gedächtnis und Erinnerungen, auch an frühere Leben, sind dort gespeichert.

→ *Emotionalkörper*

Merkabah

Besteht aus mehreren rotierenden Energiefeldern in bestimmten Formen und Abständen vom physischen Körper, die nicht direkt mit den feinstofflichen Körpern (Chakren/spiritueller Körper etc.) zu tun haben, da sie eigene Aufgaben haben. Die Rotation dieser Energiefelder muss erst in Übereinstimmung gebracht werden, wozu es intensiver Klärungsprozesse des Menschen und auch der Hilfe feinstofflicher Wesenheiten bedarf, bevor die Energien höherer Chakren in die anderen Körper einfließen und letztendlich in den physischen Körper vordringen können. Somit könnte man die Merkabah als eine Art Schutzschild

gegen höhere Einflüsse ansehen. Ohne die Merkabah wäre es für die Menschheit nicht möglich gewesen, in tiefere Frequenzen zu sinken, als sie sich zur Erfahrung der Materie, der Dualität, auf der Erde entschloss. (P.P.)
→ Bibliographie: Das Regenbogenzeitalter

Erst durch die aktivierte Merkabah ist es möglich, den physischen Körper in höhere Dimensionen mitzunehmen, also ohne physischen Tod.

Merlin

Der große Druide steht für die Neue Zeit, die mit dem Einzug des Christentums begann. Er wollte das alte mit dem neuen Wissen verbinden, was damals jedoch nicht möglich war. Damals zog er sich zurück und erstarrte zu Kristall, lebte aber weiter in unseren Mythen und Geschichten.

Vor einiger Zeit ist er nun erwacht, um zu vollenden, was damals begonnen wurde, um Frieden zu schließen.
→ Bibliographie: „Elfen, Feen und Zwerge" (Av. M.)

Metatron

Bedeutet: *Deinem Thron nahe stehend*, Gegenwart oder Angesicht Gottes. Er ist der oberste der Erzengel und steht vor oder hinter dem Thron Gottes als Hüter des göttlichen Lichts. Er gehört zu den Erzengeln. Seine Farbe ist Weiß-Gold und seine Aufgabe, uns Menschen zu lehren, die Liebe empfangen und annehmen zu können.

Micale

Atlantis-Priester des Erkennens alter Muster, – vierter, weißer Strahl.

Michael

Erzengel, – erster, blauer Strahl. Engel des Glaubens und des Schutzes, der mit seinem blauen Flammenschwert alte Muster und Verhaltensweisen durchtrennt, die wir nicht mehr haben wollen, aber nur, wenn wir dieses ausdrücklich wünschen.

Er steht für das Element Wasser und das fließende Prinzip. Seine Farbe ist Blau. Er ist eine sehr durchfließende Energie, also geeignet, Energien, die ins Stocken geraten sind, wieder zum Fließen zu bringen.

Minerva

Weibliche Ergänzung zu Elohim Cassiopeia, – zweiter, goldgelber Strahl.

Mirane

Atlantis-Priester der Schönheit/Ästhetik/Harmonie, – neunter, magentafarbener Strahl.

Monade (Heilige)

Tropfen aus dem Urmeer des absoluten Seins/der absoluten Einheit, aus der alles Leben entstanden ist.

Monka

Ein bekannter Lichtkrieger vom Mars.

Morahs

Atlantis-Priester für spirituelle Netzwerke, – elfter, pfirsichfarbener Strahl.

Morgana Le Fay

Eine Fee aus der Mythologie von Avalon. Sie steht für das Wissen der Priesterinnen vom See, für ihren Glauben, ihre Kraft, ihre Weiblichkeit und für das Blaue Volk.

Damals zog sie sich zurück und erstarrte zu Kristall, lebte aber weiter in unseren Mythen und Geschichten.

Vor einiger Zeit ist sie nun erwacht, um zu vollenden, was damals begonnen wurde, um Frieden zu schließen.

→ *Bibliographie: „Elfen, Feen und Zwerge" (Av. M.)*

Morina

Atlantis-Priester des Strafvollzugs, – siebter, violetter Strahl.

Morphogenetisches Feld

Ein Energiefeld, ein kollektiver energetischer Schild aus Gedanken und Gefühlen, der die gesamte Erde einhüllt und auf alle Ebenen unseres Seins einwirkt und uns so beeinflusst, wobei dieses wechselseitig geschieht. (Zum Beispiel die Überzeugung, dass der Mensch nach einer gewissen Lebensspanne zu altern beginnen muss und dann an das Ende seines physischen Lebens kommt, oder dass eine Geburt sehr schmerzhaft sein muss.)

Alle Menschen sind Teil dieses Feldes, werden davon beeinflusst und bauen es selbst immer weiter auf, – durch ihr Verhalten, ihre Erfahrungen, Glaubenssätze und Programmierungen.

So, wie wir es jetzt kennen, entstand das Morphogenetische Feld nach dem Untergang von Atlantis und hält die Illusion des Getrenntseins aufrecht.

Es ist Zeit, dass wir Menschen uns darüber erheben, um ein neues Feld zu kreieren, das es uns ermöglicht, das zu sein und zu leben, was wir sind: Kosmische Menschen. (Und das geschieht bereits!)

Mu

Dies bezeichnet das Kollektivbewusstsein der Ebene von Lemurien, auch die „Hauptstadt" von LeMUrien wurde so genannt.

Muriel

Engel des Herzens, der am 24. Dezember 2004 geboren wurde. Wurde mit den Energien, Erfahrungen und dem Wissen „seiner Eltern" ausgestattet: Erzengel **M**ichael und **Uriel**. Dieser Name kann als Mantra benutzt werden, da seine Energie auch die der Änderung beinhaltet.

Mutter Maria

Mutter Jesu während seiner Inkarnation auf der Erde.

Aufgestiegene Meisterin. Ihre Strahlenfarbe ist Perlmutt, was bedeutet, dass alle Strahlen durch ihre Arbeit durchschimmern.

Sie ist die weibliche Ergänzung zu Erzengel Raphael, – fünfter, grüner Strahl.

Neddek

Die Neddek sind eine Sternenrasse, die ursprünglich von Aldebaran kommt und jetzt sowohl auf der spirituellen Venus als auch auf den Plejaden lebt. Auch ihr Erbe ist in unserer DNS gespeichert.

Sie können ihre Körper verdichten und sich uns in menschlicher Form zeigen, was sie immer wieder tun, um die Menschen, mit denen sie kommunizieren möchten, nicht zu erschrecken.

Es ist eine ihrer Aufgaben, uns Menschen zur Seite zu stehen. Viele Geschichten, in denen Menschen glauben, Engel gesehen zu haben, waren Begegnungen mit den Neddek. Sie halten mit und für uns die Verbindung zur Geistigen Welt aufrecht. Jeder Mensch hat einen Neddek an seiner Seite, der ihn die ganze Inkarnation hindurch begleitet, ähnlich einem Schutzengel.

Die Neddek stehen mit unserem Emotionalkörper in engem Kontakt bzw. waren an seiner Erschaffung beteiligt, weshalb der Austausch mit ihnen für unsere emotionale Seite auch so heilsam und wichtig ist.

Sie unterstützen die Heilung emotionaler Belastungen, wie zum Beispiel Liebeskummer, den Verlust eines geliebten Menschen oder Wesens, etc.

Naname

Atlantis-Priesterin der Rituale, – zehnter, goldener Strahl.

Nemesis

Einst ein erdähnlicher Planet (laut Elyah).

Nephtys

Ein weises und liebevolles Schlangenwesen aus dem Universum, dessen Biss Erkenntnis bringt, sozusagen die Ur-Schlange (laut Elyah).

Neue Energie

Bezeichnung für das neue Bewusstsein, dass die Menschheit dabei ist, ihren Weg zum Aufstieg in die Fünfte Dimension zu entwickeln.

Die Neue Energie kann durch eine Absichtserklärung zum Beispiel wie folgt erbeten werden: „Ich möchte jetzt in die Neue Zeit, in die Neue Energie hineingehen."

Nach entsprechender Bearbeitung mit Unterstützung durch die vielen Helfer können dann die folgenden göttlichen Attribute erreicht werden: Karmafreiheit; Verbindung zum göttlichen Kern; Co-Kreation (laut Kryon).

Neuer Morgen

→ *Goldenes Zeitalter*
→ *Fünfte Dimension*

Neues Zeitalter

→ *Goldenes Zeitalter*

Neues Jerusalem

→ *Goldenes Zeitalter*

Neue Zeit

→ *Goldenes Zeitalter*

Neunter Strahl

Magentafarbener Strahl. Strahl der Harmonie, Ruhe und Ausgeglichenheit.

Derzeitiger Lenker: Weltenlehrer Jesus (Sanandá).

Zugeordneter Edelstein: Wassermelonenturmalin.

Neutrales Implantat

Bittet man um das neutrale Implantat (Kryon in *"Das Zeiten-Ende"*), bittet man um Löschung aller Programmierungen, die für dieses Leben vorgesehen waren, was bedeutet, dass man danach völlig frei von allen Zwängen ist und sein Leben neu gestalten kann (das bedeutet nicht, dass man karmafrei ist!) Das bedeutet auch, frei zu werden für die Seelenverträge, die für den Fall vorgesehen waren, dass man sich weit genug entwickelt, um diesen neuen Weg gehen zu können. Man ist also frei, seine eigentliche Mission zu finden und ein glückliches und harmonisches Leben zu führen – nur noch angefüllt mit den Herausforderungen, die notwendig sind, um in die Fünfte Dimension aufsteigen zu können.

Das heißt zum Beispiel auch, sich liebevoll von einem Partner zu trennen, mit dem man sein Karma aufgearbeitet hat, um dann gegebenenfalls mit einem neuen Partner/einer neuen Partnerin den weiteren Teil des Lebenswegs zu beschreiten.

Nokate

Atlantis-Priesterin der Philosophie, – zweiter, goldgelber Strahl.

☆☆☆

Octaviana von Alcyone

Ist eine plejadische Sternenwesenheit und gehört zum „Rat der Sieben Schwestern“ von Alcyone.

Og Min

Sternenrasse vom Planetensystem der Zentralsonne, auch genannt *Die Hüter der Chroniken*. Sie sammeln Informationen und sind allen Wesen bei ihrer Entwicklung behilflich, wenn diese dazu bereit sind. Sie unterstützen die Menschen dabei, Spannungsfelder konstruktiv zu nutzen, und helfen bei Körperveränderungen. Jeder Mensch trägt ihr Erbe in seiner DNS.

OM

Die „heilige Silbe“, das im Westen bekannteste Mantra.

Gilt als der Laut-Ausdruck der Urschwingung, aus der das Universum hervorgegangen ist und als das mächtigste Mantra.

Omniel

Erzengel, – zwölfter, opalfarbener Strahl.

Opalescence

Weibliche Ergänzung zu Erzengel Omniel, – zwölfter, opalfarbener Strahl.

Opalfarbener Strahl

→ Perlmuttfarbener Strahl

→ Zwölfter Strahl

Orion

- Elohim, – dritter, rosafarbener Strahl. Seine Aufgabe ist es, der Erde Frieden zu bringen. Er ist unser Ansprechpartner, wenn wir Disharmonien zwischen Menschen durch bedingungslos liebende Vergebung auflösen möchten.
- Sternbild, das bei der Heilung der Dualität eine wichtige Rolle spielt. (AN, der mittlere Gürtelstern des Orion steht für die Einheit von Hell und Dunkel, für geheilte Dualität.)

→ *Bibliographie: El An Ra. Die Heilung des Orion*

☆☆☆

Pacifica

Weibliche Ergänzung zu Elohim Tranquilitas, – sechster, roter Strahl.

Pallas Athene

Aufgestiegene Meisterin, die als Göttin der Wahrheit auf dem weißen Strahl dient und Mitglied des Karmischen Rats ist. Sie steht für Aufrichtigkeit und Klarheit und unterstützt Hilarion in seiner Arbeit, aber auch alle anderen Aktivitäten, die der Wahrheit dienen.

Paracelsus

Aufgestiegener Meister. Unterstützt den violetten Strahl im Sinne der Naturheilkunde.

Es heißt, dass er einen Bewusstseinsanteil von St. Germain im Sinne seiner aufrührerischen Art mitgenommen hat. St. Germain war damals schon aufgestiegen. So erkennt man, wie die Meister je nach Lage der karmischen Dinge noch immer kleine Bewusstseinsfunken in geeignete Lichtarbeiter hineinlegen, um sich noch irdisch zu betätigen.

(So hatte auch Prinzessin Diana noch kleine Funken von Rowena). (C. A.)

Peace

Weibliche Ergänzung zu Erzengel Valeoel, – zehnter, goldener Strahl.

Pekanes

Atlantis-Priester für soziale Fragen und Probleme, – sechster, roter Strahl.

Pelez

Atlantis-Priester der Schulung des Dritten Auges, – fünfter, grüner Strahl.

Perlmuttfarbener Strahl (= opal)

Mutter Maria dient auf diesem Strahl. Alle Strahlen schimmern durch ihre Arbeit.

Perpetiel

Erzengel, – elfter, pfirsichfarbener Strahl.

Persönlichkeit

→ *Ego*

Pfirsichfarbener Strahl

→ *Elfter Strahl*

Photonengürtel

Besteht aus reinem Licht, dem Licht der Liebe und der UrQuelle. Etwa alle 11 000 Jahre erreicht der Planet Erde dieses Licht und durchschreitet es innerhalb von 2000 Jahren.

Der Eintritt in den Photonengürtel transformiert das Bewusstsein jedes lebenden Wesens auf der Erde. Im kommenden Übergang wird der ganze Planet Erde selbst das Bewusstsein der Fünften Dimension erreichen, und jede Zelle in jedem Körper muss und wird sich der neuen Schwingung der Erde anpassen.

Physischer Körper

Er stellt die grobstoffliche Materie dar, besteht zu 70 % aus Wasser und gleichzeitig aus ca. 98 % leerem Raum.

Pira

Atlantis-Priesterin der Wahrnehmung des ersten Impulses, –zwölfter, opalfarbener Strahl.

Plejaden

Sternensystem, deren Bewohner ursprünglich der neunten Dimension zugeordnet werden. Sehr fließende Energie, kollektives Bewusstsein. Plejader möchten alles verbinden, sind also am Austausch interessiert.

Es kam vor Zeiten zu einer Spaltung der Plejader, seither gibt es auch einen „versprungenen“ Zweig in der siebten Dimension.

Plejaden-Kinder

Die nächste Generation der Kinder, die v.a. als Heiler, Künstler und Channel auf die Erde kommen. Sie brauchen spirituelle Eltern, die mit ihren Seelen kommunizieren können. Da sie keine negativen Erfahrungen machen wollen, suchen sie sich ihre Eltern deshalb entsprechend und ganz gezielt aus.

Sie haben in früheren Inkarnationen lange Zeit auf den Plejaden gelebt, wo sie meistens einen ganzen Inkarnationszyklus durchlaufen haben.

Ihre spirituelle DNS weist alle Merkmale einer uralten, viel gereisten Seele auf. Indem sie sich als Menschen inkarnieren, stellen sie ihr Erbgut zur Verfügung und bewirken somit eine weitere positive Veränderung und damit Schwingungserhöhung der Menschen und der Erde.

Präzipitation

Aus dem Lateinischen von *Praecipio = Vorausnehmen/Vorwegnehmen/im Voraus genießen.*

Das ist genau das, was wir tun, wenn wir präzipitieren: Wir nehmen das Gewünschte bereits als gegeben hin, indem wir vehement Energie in die Wunscherfüllung hineingeben und diesen Wunsch somit manifestieren.

Dieses etwas schwierige Wort bezeichnet also auf der geistigen Ebene das Schaffen aus der Ur-Materie.

Das bedeutet: Alles, was sowohl auf der feinstofflichen Ebene als auch in der irdischen Materie existiert, besteht aus demselben Stoff – der Ur-Materie. Diese ist das Urlicht, das Göttliche, die Zentralsonne, die Quelle – wie auch immer man es bezeichnen mag.

Das heißt: Alles, was existiert, ist also bereits vorhanden, es kann nicht mehr **neu** geschaffen werden.

Das bedeutet, dass wir Menschen in unserer Verbindung zur göttlichen Quelle einerseits und da wir den göttlichen Funken in uns tragen und letztlich auch Gott selbst sind, also Schöpfer, andererseits aus dieser Ur-Materie schaffen können.

Wichtig ist jedoch, dass diese Schöpfung sehr bewusst geschieht, der Mensch also seinen Plan erkennt und den Weg mit allen Konsequenzen beschreitet. (C. A.)

→ *Co-Kreation*

Priester von Atlantis

Eine andere Bezeichnung ist *Wächter von Eden*.

Das rührt von der Vorstellung her, dass Atlantis während der Blütezeit als „das Paradies/der Garten Eden“ angesehen wurde.

Den zwölf göttlichen Strahlen (→) sind jeweils sieben atlantische Priester zugeteilt, die der Eigenschaft und der Farbe des Strahls in sieben unterschiedlichen Aspekten dienen.

So gehören zum Beispiel zum ersten, dem blauen Strahl (Lenker El Morya) die sieben Priester

- Mafese,
- Samuele,
- Josira,
- Desdena,
- Bigenes,
- Zahsira,
- Kiara,

die die folgenden einzelnen Facetten des blauen Strahls symbolisieren:

Mut und Kraft, Selbstvertrauen, positive Nutzung der Macht etc.

Atlantis wurde seinerzeit von einer ganzen Reihe hoher Priester „regiert“, von denen viele sich nie haben etwas zu Schulden kommen lassen und die daher auch nicht erneut inkarnieren mussten, womit sie dem göttlichen Gesetz von Ursache und Wirkung entgingen. Sie haben sich seitdem auf der geistigen Ebene aufgehalten und über alle Zeitalter hinweg rein geistig, auf den zwölf göttlichen Strahlen unterstützend gewirkt.

Diese Wesen sind, wie es in *Die zwölf göttlichen Strahlen* heißt:

„... von großer Schönheit, überdimensionaler Größe und einer Intelligenz, die nur eines Gedankenfunkens bedarf, um eine große Wirkung zu erzeugen“. (C. A.)

In dieser Zeit des Übergangs haben wir Menschen die Möglichkeit, auch diese Priester um Hilfe bei unserem Lichtkörperprozess zu bitten.

Pyramide von Poseidonis

Riesiger Kristall und das Herzstück von Atlantis, unter anderem auch ein energetisches Konstrukt, das sich um den ganzen Kontinent erstreckte.

☆☆☆

Quelle

Anderer Begriff für die Zentralsonne. Gott, Spirit, Zentralsonne, Alles-Was-Ist, Ur-Sonne, „das Licht“, All-Eins, All-Einer, etc.

☆☆☆

Rama

Wesen aus der Raumbruderschaft (→).

Ramos

Atlantis-Priester der zielsicheren Planung, – elfter, pfirsichfarbener Strahl.

Raphael

Erzengel, – fünfter, grüner Strahl.

Raphael gilt als „Arzt Gottes“. Er bezieht seine Energie aus unserer Sonne, also auch von Helios und Vesta. Im Deutschen hat sich der Begriff „Heilen“ aus dem Wort „Helios“ entwickelt.

Er steht für das Element Erde. Seine Farbe ist Grün, seine Aufgabe die physische Heilung.

Raumbruderschaft

Sie ist zuständig für die Gitternetze, das Magnetfeld der Erde, Erdachsenverschiebung, Polverschiebung etc.

Dazu gehören mehrere Kommandos:

- Ashtar
- Tarama
- und weitere, die noch nicht bekannt sind.

Die Raumgeschwister halten sich in sogenannten Lichtschiffen auf, das sind Bewusstseinsformen (= verdichtetes Licht), keine fliegenden Untertassen!

Wesen aus der Raumbruderschaft sind zum Beispiel:

- Rama
- Galadria

Raumgeschwister

Dienen unter unterschiedlichen Kommandos der Entwicklung der Erde und kümmern sich seit ihrem Bestehen beispielsweise um die Erdgitternetze. Ein bekannter Vertreter von ihnen ist Ashtar.

Regenbogenkinder

Von ihnen sind erst noch einige wenige inkarniert, sozusagen als "Kundschafter". 'Die meisten von ihnen warten, bis die Kristall-Kinder alt genug sind, um ihre Eltern zu werden. Sie sind überaus sensitiv und können ohne Schlaf und ohne Nahrung auskommen. Ihre Aufgabe wird es sein, der Erde zu helfen, wieder in den Fluss der Liebe zu gelangen.

Sie haben ihre männlichen und weiblichen Eigenschaften völlig ausgeglichen und bringen kein Karma mehr mit.

Regenbogenkrieger

So werden häufig Menschen bezeichnet, denen ihre schamanischen Wurzeln noch sehr vertraut sind. Sie arbeiten oft mit den Kräften der Natur, mit der Kundalinienergie, mit Tier- und Pflanzenmagie etc.

Es gibt meist auch eine Verbindung zu den Lichtkriegern, die ursprünglich vom Mars kommen.

Einige von ihnen fühlen sich auf dieser Erde immer noch nicht zu Hause. Wenn diese Aussöhnung allerdings stattgefunden hat, engagieren sie sich sehr für Gerechtigkeit und ein lebenswertes Miteinander aller Wesen. Deshalb ist es auch nicht verwunderlich, dass die Greenpeace Organisation ihr Schiff „Rainbow Warrior" genannt hat.

Regenbogenzeitalter

Die Bezeichnung deshalb, weil die Farben in Zukunft eine sehr große Rolle spielen werden.

Das Regenbogenzeitalter ist also ein Zeitalter der Farben und damit ein Zeitalter des Lichts.

→ *Goldenes Zeitalter*

Rhubinius

Sammelbezeichnung für die Wesen des Blauen Volkes wie Elfen, Feen, Zwerge, Devas und so weiter.

Rosafarbener Strahl

→ *Dritter Strahl*

Rubinroter Strahl

→ *Sechster Strahl*

Rubinrotes Zeitalter

→ *Fische-Zeitalter*

Rudanes

Atlantis-Priester der Neutralität, – neunter, magentafarbener Strahl.

☆☆☆

Saint Germain

Aufgestiegener Meister und Lenker des siebten Strahls und des Neuen Zeitalters.

Frühere Inkarnationen und Wirken:
Graf St. Germain; Christoph Kolumbus; St. Alban; Josef, der Vater von Jesus; Christian Rosenkreuz; Francis Bacon; Prophet Samuel; der griechische Philosoph Proclus; u. a.;

Strahlenfarbe:	Purpur-violett;
Lichttempel:	Ätherisch in Transsilvanien (Karpaten);
Wochentag:	Samstag;
Chakra:	Milzchakra;
Edelstein:	Amethyst;
Erkennungsmelodie:	*Wiener Walzer* von Johann Strauß;
Elohim:	Arkturus und Diana;
Erzengel:	Zadkiel und Amethyst;
Aufgabenbereich:	Transformation, Umwandlung, Freiheit, Karmaauflösung.

Salina

Atlantis-Priesterin der Geborgenheit im großen Ganzen, – zehnter, goldener Strahl.

Samuele

Atlantis-Priester des Selbstvertrauens, – erster, blauer Strahl.

Sanandà

Name der Wesenheit, die als Jesus das Christusbewusstsein auf der Erde verankert hat. Da auch er sich weiterentwickelt hat, trägt er nun einen anderen Namen, zumal mit dem Namen Jesus zu viele Assoziationen verbunden sind.

„Als Jesus war er nur ein Ausdruck des Christusbewusstseins und hat als Mensch nicht mehr Bedeutung als jeder Einzelne von euch, denn ihr seid ebenfalls ein Ausdruck des Christusbewusstseins, und das ist es, was die Neue Zeit ausmacht.“ (Sanandà in *„Das Regenbogenzeitalter“* von P. P.)

Nach neusten Durchsagen möchte er seinen Namen als Sanandà ausgesprochen haben.

Sanat Kumara

Lenker des zwölften Strahls und Regent der Erde. Er ist das höchste Wesen innerhalb des Planetensystems und eine Wesenheit, die der Weißen Bruderschaft zugeordnet wird.

Sanat Kumara kam als *Herr der Erde*, um sie vor der Vernichtung zu retten. Er war und ist der Herr der Venus. Nachdem er die Weiße Bruderschaft ins Leben gerufen hatte, verließ er 1956 auf Weisung der Quelle die Erde und kehrte zur Venus zurück, um die Erde der letzten Prüfung auszusetzen, blieb aber auf eigenen Wunsch der Regent der Erde.

Sanat Kumara ist ein Kollektivbewusstsein der Neddek und wird in älteren Botschaften ursprünglich als „Hohes Selbst der Erde“ bezeichnet.

Die Schüler dieses Meisters haben Zugang zu allen Strahlen. Wir haben zwar alle Zugang zu allen Meistern, aber die Schüler von Sanat Kumara haben gezielt die Aufgabe, diese Vielfältigkeit ständig in ihrer Arbeit einzubinden.

Sein Kennzeichen ist der fünfzackige Stern.

Achtung: Wenn Sie ihn zeichnen, richtig herum.

Sankturum

Atlantis-Priester der Standhaftigkeit und Disziplin, – vierter, weißer Strahl.

Sanskrit

Altindische Schriftsprache, ca. 400 v. Chr., bis heute als Literatur- und Gelehrtensprache gebräuchlich (wie etwa das Latein im Abendland).

Saphira von Alcyone

Ist eine plejadische Sternenwesenheit, die zum Rat der „Sieben Schwestern" gehört.

Saphur

Diese Sternenrasse lebt unter anderem im Sternbild Zwilling. Die Saphur sind Drachenwesen. Sie tragen die Kraft der Vereinigung in sich und helfen uns unter anderem, männliche und weibliche Energien in uns zum Ausgleich zu bringen. Der Kontakt mit ihnen und ihr Einfluss auf uns wird sich in den kommenden Jahren verstärken, da sie uns bei den anstehenden Veränderungen der gesellschaftlichen Strukturen helfen werden, wobei die Idee des Kollektivs („alle Menschen sind eine Familie") eine immer größer werdende Rolle spielen wird.

Schild

Energiephalanx, die uns Menschen umgibt und uns die Illusion der Trennung vorspiegelt (siehe *„Erdenwege"*).

Schleier

Beim Eintritt der Seele in den menschlichen Körper, also bei der Zeugung (das ist nur eine grobe Erklärung, da der Eintritt der Seele in mehreren Phasen erfolgt), legt sich ein Schleier des Vergessens über die Seele. Das heißt: Sie kann sich weder bewusst an ihren Lebensplan hier auf der Erde noch an ihre Vergangenheit, ihr Wissen oder ihre Fähigkeiten aus früheren Leben und an ihre geistige Heimat erinnern.

Durch den Lichtkörperprozess (→) und die damit verbundene Schwingungserhöhung des Menschen und der Erde wird dieser Schleier immer durchlässiger und die Erinnerung an die genannten Dinge kehrt zurück.

Sechster Strahl

Rubinroter Strahl. Strahl des selbstlosen Dienens, der geistigen Heilung und des universellen Friedens.

Der sechste Strahl wirkte bis 1956 unter der Leitung von Jesus Sanandá für die Erde, übergab dann aber die Leitung an die Aufgestiegene Meisterin Lady Nada.

Zugeordneter Edelstein: Rubin.

Seele

Unsterblicher Teil des Menschen, der immer wieder in einem (irdischen) Körper inkarniert.

Die Seele kennt alles an dem betreffenden Wesen, seine Gefühle (sein Herz), seine Gedanken und alle körperlichen Dinge. Also die gesamte Persönlichkeit.

Jede Seele hat einen Lebensplan, den sie sich selbst vor der Geburt ausgesucht hat und dem sie folgen „darf".

Die Seele kann sich in mehrere Seelenanteile (→ *Dualseele*) aufteilen, wenn sie ins → *Duale Universum* bzw. in die Inkarnation geht.

Seelenpartner

Ist eine andere Seele, mit der man vieles gemeinsam hat, nicht gleichzusetzen mit der → *Dualseele.*

Seelenwechsel

Seelenwechsel im Rahmen eines Vertrags der Liebe zwischen zwei Seelen.

Eine Seele hat ihren Lebensweg beendet und beschließt, in die Einheit zu Gott, zur Quelle, zurückzukehren. Statt durch einen Autounfall, eine Krankheit o.ä. entfernt sie sich sanft immer mehr aus dem Körper und überlässt der neuen Seele allmählich ihren Platz, wobei diese alles Wissen, die Gene und den Charakter der bisherigen Seele übernimmt, aber auch neue Eigenschaften mitbringen kann. Vielleicht bekommt sie das "neutrale Implantat" (⇒) und löst somit die bisherigen Verträge der bisherigen Seele auf. Damit kann auch eine Loslösung von der Familie etc. einhergehen. Der Seelenwechsel erspart der "neuen" Seele die Mühe einer Kindheit , das Erlernen eines Berufes etc., so dass sie viel schneller ihre wahre Bestimmung leben kann.

Selestes

Atlantis-Priester der alten Künste, – zweiter, goldgelber Strahl.

Septiden

Eine Sternenrasse, deren Bewohner aus der Magellanischen Wolke kommen und uns bei der Aktivierung unseres noch nicht genutzten Gehirnpotenzials unterstützen. Sie sind vermittelnde Wesen, das heißt, sie fördern die Kommunikation unter den einzelnen Organen in uns, was zur Auflösung von Disharmonien führen kann.

Die Quallen aus unseren Meeren stehen mit den Septiden in Verbindung. Diese enthalten eine Aminosäure, die für unsere Entwicklung zum Kosmischen Menschen wichtig ist. Indem man im Meer schwimmt, – dies kann rein energetisch oder auch physisch geschehen –, und sich dabei mit den Quallen verbindet, fördert man die Aktivierung seiner DNS und seinen Zugang zu den Septiden.

Serapis Bey

Aufgestiegener Meister und Lenker des vierten Strahls.

Frühere Inkarnationen und Wirken:

Priester in Atlantis; Hl. König Balthasar; Spartanerkönig Leonidas; Phidias – Architekt in Griechenland; Erbauer der Tempel von Theben und Karnak; Imhotep, Erbauer der ersten Pyramide in Ägypten für den Pharao Djoser, Erfinder der Hieroglyphenschrift (alle Schreiber opferten ihm den ersten Tropfen Tinte), hervorragender Mediziner und Erfinder der Mumifizierung.

Strahlenfarbe:	Weiß;
Lichttempel:	Ätherisch über Luxor – Ägypten;
Wochentag:	Mittwoch;
Chakra:	Wurzelchakra;
Edelstein:	Diamant;
Erkennungsmelodie:	*Liebestraum* von Franz von Liszt;
Elohim:	Claire und Astrea;
Erzengel:	Gabriel und Hope;
Aufgabenbereich:	Reinheit, Disziplin, Aufstieg, Stärke.

Shambala

- Spiritueller Sitz der Großen Weißen Bruderschaft, das jenseits der Schneegipfel des Himalajas liegen soll, wo sich ihre Energien konzentrieren.
- Mystisches Reich, das in einem verborgenen Tal des Himalajas liegen soll, wo die höchsten spirituellen Geheimnisse der Menschheit gehütet werden, bis diese bereit ist für den Sprung auf eine neue Ebene der Existenz.

Shedir

Ist ein Hauptstern im Sternbild von Cassiopaia.

Shekaina

Urweiblichkeit unseres Universums und eine Bezeichnung für den weiblichen Aspekt Gottes, also das Weibliche/Rezeptive (Symbol die schwarze Mondscheibe vor der Sonnenkorona = Sonnenfinsternis).

Sieben „göttliche" Strahlen

→ *Chakra*

Die sieben Strahlen, die wir als Strahlung aus der Zentralsonne verstehen können. Sie werden von dort über das Höhere Selbst (auch *Überseele* oder *Höherer Verstand* genannt) in den Kausalkörper gelenkt. Von dort aus strahlen sie direkt in die sieben Chakren gemäß der göttlichen Tugenden und Aspekte hinein, um eine Bewusstseinserweiterung zu erreichen, damit eine Bewusstheit entsteht. Das Bewusstsein ist die Qualität der Schwingung der einzelnen Energiekörper und kann so optimal beeinflusst werden. Durch Anrufung der Strahlenenergie, auch Präzipitation genannt, können wir so eine Verbesserung des einzelnen Körper erreichen, wir können unser Karma optimal bearbeiten und die Verbindung zum Göttlichen aufrechterhalten. Ein Beweis dafür, dass der Mensch niemals die Verbindung zur Quelle verlieren konnte. (C.A.)

Siebter Strahl

Violetter Strahl. Hauptaufgabe des siebten Strahls ist die Umwandlung und Transformation von Karma, das mit Hilfe der violetten Flamme bearbeitet werden kann.

Derzeitiger Lenker:	Aufgestiegener Meister Saint Germain.
Zugeordneter Edelstein:	Amethyst.

Silberner Strahl

Ein weiterer Nebenstrahl der 12 Strahlen. Er ist der von Gott gegebene Silberstrahl der Gnade, der keinem bestimmten Meister zugeordnet ist und für alle Aufgaben (Heilung, Transformation etc.) alleine oder gemeinsam mit einem/mehreren anderen Strahlen eingesetzt werden kann.

Sirilia (von Sirius)

Wesenheit von Sirius. Sie ist wie eine große Bibliothekarin. Wenn Sie etwas über den Aufbau unseres Körpers wissen möchten oder wie Sie ihn heilen können, dann können Sie sich an Sirilia wenden.

Sirius

- Göttin der Regeneration, ein weiblicher Aspekt, der ein Aspekt von Lady Isis ist.
- Hellster Fixstern des Himmels im Sternbild Canis Maior (Großer Hund).

Ein Thema von Sirius ist die Liebe zur Materie. Die Sirianer sind eine sehr lebendige Energie. Menschen, die Probleme haben, sich in ihrem Körper in der Dritten Dimension anzunehmen, könnten sich mit den Sirianern geistig verbinden. Delfine, Hunde und Katzen kommen ebenfalls von Sirius.

Smagus

Atlantis-Priester der Ernährung, – vierter, weißer Strahl.

Smaragd

(Griechisch: smaragdos = grün)

Der Smaragd gehört zu den seltensten und kostbarsten Steinen. Für die Ägypter war er der Stein der Liebenden. Auch die Inka verehrten ihn.

Der Smaragd ist der Stein des fünften Strahls (Hilarion) und steht mit seiner Farbe Grün für das Herzchakra und neben Wahrheit, Entschlossenheit, Raum und Weite für die bedingungslose Liebe.

Es ist also durchaus kein Zufall, dass der Name unseres Verlages *Smaragd* ist.

Er gilt als Schutzstein, aktiviert die Selbstheilungskräfte

und ist Symbol für die Wiedergeburt eines gesunden Körpers.

Einen Smaragd zu tragen fördert unsere Liebesfähigkeit. Ihm werden auch magische Kräfte zugeschrieben. In der Astrologie wird er der Venus und dem Tierkreiszeichen Stier zugeordnet.

Die alchemistische Tafel des *Hermes Trismegistos* soll aus Smaragd gewesen sein, daher der Name *Smaragdene Tafel.*

Smaragd Chronik

Auch „Smaragdtafeln“ genannt, enthält Heilungsinformationen für das Universum der Dualität.

Soana

Atlantis-Priesterin der Fülle und des Reichtums, – zehnter, goldener Strahl.

Sokane

Atlantis-Priester der Geistheilung, – sechster, roter Strahl.

Sokrates

Aufgestiegener Meister, der auf dem goldenen Strahl dient. In seiner irdischen Inkarnation (470 – 399) war er griechischer Philosoph in Athen, der mit seiner Ironie bei seinen Gesprächspartnern hohles Scheinwissen entlarven wollte.

Philosophen und Literaten arbeiten mit ihm. Es sind gute Lehrer, die das alte Wissen vermitteln.

Solare Bruderschaft

Wesenheiten aus der Zentralsonne, die der Energie des Ursprungs, der Zentralsonne, dienen und niemals inkarniert gewesen sind. Auch sie begleiten Menschen durch ihre Botschaften, wie ihre Geschwister aus den Ebenen der Weißen Bruderschaft, und fördern die Aktivierung unserer 12-Strang DNS.

Zu ihnen gehören:

- Helios
- Vesta
- Vywamus, mit dem Janet McClure nach dem Verlassen ihres physischen Seins verschmolzen ist.
- Lenduce

Die Energien dieser Wesen sind sehr weitend und geeignet für Menschen, die Angst vor ihrer inneren Sonne haben.

Spirit

→ *Quelle*

Spiritueller Körper

In ihm ist die Energie des Hohen Selbst verankert, ebenso unsere Kodierung als Lichtwesen. Er stellt die Verbindung zum Lichtkörper dar und ist die Verbindung zum Göttlichen.

Stern(en)geborene

Alle Menschen auf dieser Erde sind Stern(en)geborene, das heißt: Zum einen ist die Erde ein Stern, und somit sind alle Erdenbewohner auch Stern(en)geborene.

Außerdem hat jede Seele, die auf der Erde inkarniert ist, meistens eine oder mehrere Inkarnationen auf anderen Planeten (Sternen) gehabt und bringt von dort Eigenschaften mit.

Unsere menschlichen Körper und die Erde sind aus den Baustoffen, aus der DNS, aus Informationen und Wissen der Sterne und der Sternenvölker und -rassen entstanden.

Sternenrassen

Mindestens sechs Sternenrassen sind unsere Ur-Väter und -Mütter und waren in Atlantis an der Erschaffung unserer Körper beteiligt.

Zu ihnen gehören u.a.:

- Neddek
- Og Min
- Saphur
- Septiden

Sternenwesen

Sternenwesen sind sehr hilfreiche Geschwister bei der Heilung des Egos der Menschheit und der Weitung des Bewusstseins.

Die Entstehung von Filmen, wie Star Trek etc. wurde immer wieder von Sternenwesen beeinflusst.

Sternenwissen

Ist das Erbe in uns wie auch das Wissen, das von anderen Sternen und Sternenvölkern handelt.

Strahlen

Die Strahlen (früher sieben, jetzt zwölf) sind mit ihren Aspekten die Verbindung des Menschen zum Göttlichen.

Jeder Strahl wird von einem Aufgestiegenen Meister oder Weltenlehrer gelenkt und einem Erzengel energetisch versorgt.

Ein anderes Wort für Strahl ist *Tugend* oder *Aspekt*.

Sulana

Atlantis-Priesterin für spirituelle Bildung, – elfter, pfirsichfarbener Strahl.

Surya

Aufgestiegener Meister vom roten Strahl. Flammenfarbe Blau-Gold-Rosa. Meister des Friedens und der Liebe. Tempel physisch auf den Fidschi-Inseln.

☆☆☆

Telane

Atlantis-Priester der Chakrenarbeit, – vierter, weißer Strahl.

Telepathie

Telepathie bedeutet, mit einer anderen Seele auf einer nicht physischen Ebene zu kommunizieren. Telepathie ist also die Sprache der Seele ohne Worte.

Als *Kosmische Menschen* in der Fünften Dimension werden wir alle nur noch auf dem Weg der Telepathie miteinander kommunizieren.

Tetena

Atlantis-Priesterin der Entscheidungen, – achter, aquamarinfarbener Strahl.

Thasos

Atlantis-Priester der Reinkarnationsarbeit, – zwölfter, opalfarbener Strahl.

Theosophie (griech.: *Gottesweisheit)*

Ursprünglich eine Lehre, die Einsichten in die Ursprünge, in die Natur und in die Stimmung des Menschen vermittelt.

Sie wurde von *Helena Petrowna Blavatsky* (1831 – 1891) begründet und besteht aus westlichen und östlichen Elementen, die die Esoterik bis heute stark beeinflusst hat. Vor allem die Vorstellung von der Reinkarnation und von Meistern, die die Geschicke der Menschheit lenken, hat ihren Eingang in alle Teile der Esoterik gefunden.

Theosophische Gesellschaft

Wurde Ende des 19. Jahrhunderts von El Morya, Kuthumi und Saint Germain gegründet. Damit manifestierte sich zum ersten Mal das Wissen um die Aufgestiegenen Meister. Zu der Zeit diente Helena Blavatsky als Medium.

Tiamos

Atlantis-Priester der Präzipitation, – zehnter, goldener Strahl.

Tobias

Geistiges Wesen aus der KRYON-Gruppe.
(www.shaumbra.de)

Tor

Ein magnetisches Gebilde, durch das Energien ein- und ausströmen können. Aufrechterhalten wird diese magnetische Kraft durch die Gebete und Meditationen der Menschen und strukturiert von den Energien der Farben, die sie haben. Feinstoffliche Tore sind immer kugelförmig mit einem Kondensationspunkt.

Tores

Atlantis-Priester der Gruppenarbeit, – elfter, pfirsichfarbener Strahl.

Toröffnung

Am Kondensationspunkt im Inneren eines Tores befinden sich auf beiden Seiten (oben und unten) energetische „Schlösser", die ab einer gewissen Drehgeschwindigkeit aufgeschlossen werden, so dass das Tor sich öffnet und die Energien frei in beide Richtungen fließen können. Das bewirkt eine Schwingungserhöhung auf beiden Seiten.

Tranquilitas

Elohim Tranquilitas dient auf dem sechsten, dem roten Strahl, und hilft den Menschen dabei, in Frieden zu leben, allerdings nur, wenn sie dieses auch wollen, denn der freie Wille des Menschen ist immer oberstes Gesetz!

„Tranquilitas" heißt im Lateinischen „Ruhe, Frieden, Stille".

Transponder

Ein Obelisk, der aus einem grobstofflichen und einem feinstofflichen Anteil besteht und wie eine Sende- und Empfangsstation für Energien aus dem Kosmos und aus der Erde wirkt. Transponder halten auch die Matrix der Dualität seit der Zeit von Atlantis aufrecht.

Durch die Heilung der zwölf Transponder kann der dreizehnte Transponder wieder wachsen. Er wird, laut Elyah, unter der Al Aksha-Moschee in Jerusalem entstehen. Wissenschaftler haben entdeckt, dass sich dort seit einiger Zeit ein Granitblock aus der Erde empor schiebt. Das ist ein weiterer Hinweis auf das „Neue Jerusalem", das in vielen Schriften angekündigt wird.

Türkise Flamme (türkiser Strahl)

Der türkisfarbene Strahl wird nicht von einem Aufgestiegenen Meister gelenkt, sondern ist eine Engelenergie, die zusätzlich zu den zwölf göttlichen Strahlen zur Verfügung gestellt wird, um uns direkt in die Neue Energie zu tragen. Amai, eine Engelwesenheit aus Atlantis dient auf dem türkisen Strahl und arbeitet mit der türkisen Flamme, mit der die Verletzungen von Atlantis geheilt werden können.

Dieser Strahl steht in besonders enger Verbindung zu Lady Nada, Serapis Bey und Hilarion.

Tunere

Atlantis-Priester der Kreativität, – dritter, rosafarbener Strahl.

☆☆☆

Ucarus

Atlantis-Priester des Atems, – sechster, roter Strahl.

Uriel

Erzengel, der auf dem sechsten, rubinroten Strahl dient und als Friedensbringer arbeitet. Da nur ein Mensch, der mit sich und der Umwelt in Frieden ist, Heilstrahlen aufnehmen kann, ist Uriels Tätigkeitsbereich auch überall dort, wo Menschen in Not sind, also in Gefängnissen, Krankenhäusern, Altersheimen, Krisengebieten etc.

Wir können ihn nachts bitten, uns in solche Bereiche mitzunehmen und dort heilend auf allen Ebenen zu wirken.

Er steht für das Element Feuer, weshalb seine Aufgabe auch die der Transformation ist.

Urkraton

Die ursprüngliche Landmasse, der einzige Kontinent in der Zeit von Atlantis (laut Elyah).

Ur-Sonne

→ *Quelle*

Usale

Atlantis-Priester des Erkennens des falschen Weges, – achter, aquamarinfarbener Strahl.

Valeoel

Erzengel, – zehnter, goldener Strahl.

Vanane

Atlantis-Priesterin der Hilfsmittel in der Heilung, – fünfter, grüner Strahl.

Verschmelzung

Verschmelzung des Bewusstseins eines geistigen Wesens mit dem physischen Körper und dem Bewusstsein eines Menschen.

Victory

Aufgestiegene Meisterin. Sie dient auf dem goldenen Strahl und arbeitet, wie ihr Name (Sieg) schon sagt, am siegreichen Gelingen des Aufstiegs, der Bearbeitung der Vergangenheit und Umsetzung der gefassten Pläne für die Zukunft.

Tempel ätherisch über den Britischen Inseln.

Vier-Elemente-Engel

- Raphael für die Erde (+ Heilung)
- Michael für das Wasser (+ Fließen)
- Gabriel für die Luft (+ Klarheit, Botschaft)
- Uriel für das Feuer (+ Transformation)

Vierte Dimension

Sie ist eine Zwischenebene, eine Art Bahnhof, zum Beispiel das Reich der Träume.

Dort hält sich die Seele vor der Inkarnation auf und nimmt sich, sozusagen wie in einem Kaufhaus, vor der neuen Inkarnation ein Emotionalkleid, das heißt: Gefühle, Emotionen, etc.

Hier landet die Seele auch nach ihrer Inkarnation, wenn sie den menschlichen Körper verlassen hat trifft die Entscheidung, wohin sie weitergeht, zum Beispiel auf eine Sternenebene, wieder in die Dritte Dimension oder woanders hin.

Die vierte Dimension unterteilt sich in zwei Ebenen:

- Lichte Ebene
- Nicht lichte Ebene (zum Beispiel landet man dort bei Drogenmissbrauch).

Vierter Strahl

Weißer Strahl. Strahl der Reinheit, Disziplin und des Aufstiegs.

Verbindung zwischen dem reinen göttlichen Plan und der Materie.

Derzeitiger Lenker: Aufgestiegener Meister Serapis Bey.

Zugeordneter Edelstein: Diamant.

Viertes Auge

Chakra, durch das Energien ausgesandt werden, in Entsprechung zur Aufnahme von Energien über das Dritte Auge. Befindet sich etwas oberhalb des Dritten Auges.

Violetter Strahl

→ *Siebter Strahl*

Kwan Yin: Zuständig für alles, was mit Familie zu tun hat.

Lady Portia: Gerechtigkeit, Zwillingsflamme von Saint Germain und Mitglied des Karmischen Rates.

Kamakura: Unterstützt Saint Germain auf dem goldenen Strahl der Weisheit.

Amethyst: Arbeitet mit Zadkiel im Tempel der Umwandlung und Anrufung.

Paracelsus: Unterstützt den violetten Strahl im Sinne der Naturheilkunde.

Vista

Elohim, der neben den genannten Aspekten des fünften Strahls auch für die Musik zuständig ist und das Bewusstsein des Menschen mit Harmonie unterstützt.

Vywamus

Spiritueller Lehrer und Heiler, der eng mit der Erde und der Menschheit verbunden ist und auf vielen Ebenen mit verschiedenen Wesen und Königreichen arbeitet, einschließlich der Aufgestiegenen Meister und der Engel.

Bei seiner Arbeit konzentriert er sich darauf, Menschen zu helfen, ihre selbst auferlegten Begrenzungen und Krankheiten zu überwinden und die Essenz ihres wahren Selbst zu entdecken.

☆☆☆

Wächter (von Eden)
→ *Priester von Atlantis*

Wassermann-Zeitalter
→ *Goldenes Zeitalter*

Walk-in

Zusammenschmelzen verschiedener Seelen in ein und demselben Körper, was im allgemeinen vor der Geburt des jeweiligen Menschen verabredet und geplant worden ist. Es kann aber auch Nachverabredungen geben.

Watena

Atlantis-Priesterin des Wissens der Venus, – zwölfter, opalfarbener Strahl.

Weiße Bruderschaft (und Schwesternschaft)
→ *Große Weiße Bruderschaft*

Weiße Schwesternschaft
→ *Große Weiße Bruderschaft*

Weißer Strahl
→ *Vierter Strahl*
→ *Serapis Bey*
La Morae: Harmonie.

Wellina

Atlantis-Priesterin der Kinder des Neuen Zeitalters, – dritter, rosafarbener Strahl.

Wontan

Atlantis-Priester der Astrologie, – zweiter, goldgelber Strahl.

☆☆☆

Xaros

Atlantis-Priester der Visualisation, – zehnter, goldener Strahl.

Xelahra

Atlantis-Priesterin der Menschenrechte, – dritter, rosafarbener Strahl.

☆☆☆

Yocara

Atlantis-Priesterin für Verständnis und Toleranz, – dritter, rosafarbener Strahl.

☆☆☆

Zadkiel

Erzengel, – siebter, violetter Strahl. Zadkiel ist Hüter der violetten Flamme, mit der alle negativen Aspekte und Schwingungen entfernt werden können.

Er ist sozusagen der „Reinigungsengel“. Wenn wir also zum Beispiel Lebensmittel und anderes von negativen Energien befreien möchten, können wir Erzengel Zadkiel anrufen.

Zahsira

Atlantis-Priesterin des Vertrauens in Schutz und Führung, – erster, blauer Strahl.

Zedana

Atlantis-Priesterin des Gebens und Nehmens, – zehnter, goldener Strahl.

Zehnter Strahl

Goldener Strahl. Steht für Ruhe, Stille und Gelassenheit, in Verbindung mit Geduld. Weiterhin steht dieser Strahl für Gleichgewicht im energetischen Sinne.

Derzeitiger Lenker: Weltenlehrer Kuthumi.

Zuständiges Metall: Gold, in Form eines fünfzackigen Sterns.

Zeitalter des Friedens

→ *Goldenes Zeitalter*

→ *Fünfte Dimension*

Zentralsonne

→ *Quelle*

Zeroh

Atlantis-Priester der Transformation des Egos, – siebter, violetter Strahl.

Ziodenes

Atlantis-Priester der Edelsteine, – fünfter, grüner Strahl.

Zirbeldrüse

Diese sitzt im Gehirn und bestimmt den Lebensrhythmus. Sie steuert unseren Tag-Nacht-Rhythmus.

Zoramus

Atlantis-Priester der Telepathie, – fünfter, grüner Strahl.

Bedeutung in Atlantis: „Auf den Schwingen des Geistes".

Zudiones

Atlantis-Priester der Ruhe und Stille, – zehnter, goldener Strahl.

Zweiter Strahl

Goldgelber Strahl. Strahl der Erleuchtung und der Weisheit.

Derzeitiger Lenker: Aufgestiegener Meister Konfuzius.

Zugeordneter Edelstein: Herkimer Diamant.

Zwillingsseele

Als Gott uns schuf, gab Er jedem von uns einen Zwilling mit auf den Weg. Er hat uns sozusagen im Doppelpack erschaffen, ähnlich zu verstehen wie ein körperlicher Zwilling in einer Inkarnation. Nach Gott ist unser Zwilling unsere größte Liebe. Erzengel Michael und Jesus (Sanandá) sind zum Beispiel Zwillingsseelen.

Zwölf

Die Zwölf steht für die Einheit, den geschlossenen Kreis und symbolisiert fließende Energie und Vollkommenheit. Tag und Nacht haben je zwölf Stunden; das Jahr zwölf Monate, es gibt zwölf Tierkreiszeichen, und auch die Arthus-Tafelrunde bestand aus zwölf Rittern (12 Transponder, 12 x 12 Kristallschichten). Die Zwölf steht also für den Ausdruck des Göttlichen, den Gott in Strahlen manifestiert hat, den zwölf göttlichen Strahlen.

Zwölf (göttliche) Strahlen

Die zwölf Strahlen wirken auf die einzelnen Chakren, indem sie eine Bewusstseinserweiterung bewirken, sind jedoch nicht mit den zwölf Chakren identisch.

Die Strahlen sind also die Verbindung zum Göttlichen, ein Beweis dafür, dass wir niemals die Verbindung zu Gott verlieren konnten.

Werden die Strahlen mit ihren Aspekten nicht im Alltag gelebt, führt dies zu Blockaden unterschiedlichster Art, sei es körperlich, seelisch oder geistig.

Diese Zustände zeigen sich für die meisten Menschen oft nur auf der körperlichen oder seelischen Ebene, aber ihre Ursache ist sehr oft karmabedingt und ihr Ausgangspunkt daher in den feinstofflichen Körpern zu suchen.

Die Strahlen speisen also ständig die korrekten Energien aus der göttlichen Quelle in den Kausalkörper, reagieren aber andererseits auf all das, was der Mensch denkt und tut, da ja alles miteinander verbunden ist und wechselseitig aufeinander wirkt.

Im Kausalkörper sind alle Fähigkeiten, alle guten Aspekte und Taten gespeichert, die eine Seele im Laufe ihrer Leben angesammelt hat, weiterhin sind aber auch alle zwölf göttlichen Strahlen wie eine Festplatte gespeichert.

El Morya hat es einmal so bezeichnet: „Er ist eine Art Schaltzentrale nach allen Seiten hin: Nach unten zum physischen Körper hin regelt er die Schwingungserhöhung im Sinne des Lichtkörperprozesses, die Zufuhr neuer Energie; nach oben hin bestimmt er den weiteren Zugang zur Überseele, also zu unserem Christusbewusstsein, unserem ICH-BIN. Er stellt also eine Art gesunden Schutzmechanismus dar, der nicht manipuliert werden kann". (C. A.: *„Die zwölf göttlichen Strahlen"*).

Zwölfter Strahl

Opalfarbener Strahl. Steht für absolute Transformation und geistige Wiedergeburt.

Derzeitiger Lenker: Sanat Kumara.

Zugeordneter Edelstein: Schwarzer Opal.

Zwölf Transponder

Diese entstanden nach dem Untergang von Atlantis, als der zentrale Obelisk der Pyramide von Poseidonis in zwölf Stücke brach, die sich über die Erde verteilten. Es sind Empfangs- und Sendestationen, die mit den Kristallschichten und den Turmalinschichten in Verbindung stehen.

→ *Bibliographie: Kristallwissen – der Schlüssel von Atlantis*

Zwölf Turmalinschichten

Diese Schichten sind der älteste, feste Bestandteil der Erde, wobei jede Schicht eine andere Farbe hat. Sowohl die Og Min als auch die Neddek kommunizieren mit uns Menschen über die Turmaline. Weiterhin besteht ein enger Austausch zwischen den Turmalinschichten, den Kristallschichten und den Transpondern. Auch dazu können Sie mehr Information in der Bibliographie finden. (A. M.)

☆☆☆☆☆

Die sieben Chakren und die Einwirkung der sieben göttlichen Strahlen

Chakra:	*Farbe:*	*Einwirkender göttlicher Strahl mit Aspekten:*	*Farbe:*
7. Scheitelchakra	violett	2. Strahl: Weisheit, Erleuchtung	goldgelb
6. Drittes Auge	indigo	5. Strahl: Konzentration, Wahrheit, Heilung	grün
5. Halschakra	blau	1. Strahl: Wille Gottes, Mut, Kraft, Schutz	blau
4. Herzchakra	grün	3. Strahl: Göttliche Liebe, Freiheit, Toleranz	rosa
3. Solarplexus	gelb	6. Strahl: Frieden, Heilung, Harmonie, Dienen	rubinrot
2. Milzchakra	orange	7. Strahl: Vergebung, Hingabe, Transformation	violett
1. Wurzelchakra	rot	4. Strahl: Reinheit, Disziplin	weiß

Die zwölf göttlichen Strahlen – ihre Lenker und Erzengel

Einwirkender Göttlicher Strahl mit Aspekten:	*Farbe:*	*Lenker:*	*Erzengel:*	*weibl. Ergänzung:*
1. Strahl: Wille Gottes, Mut, Kraft, Schutz	blau	El Morya	Michael	Faith
2. Strahl: Weisheit, Erleuchtung	goldgelb	Konfuzius	Jophiel	Constance
3. Strahl: Göttliche Liebe, Freiheit, Toleranz	rosa	Rowena	Chamuel	Charity
4. Strahl: Reinheit, Disziplin	weiß	Serapis Bey	Gabriel	Hope
5. Strahl: Konzentration, Wahrheit, Heilung	grün	Hilarion	Raphael	Maria
6. Strahl: Frieden, Heilung, Harmonie, Dienen	rubinrot	Nada	Uriel	Donna Gracia
7. Strahl: Vergebung, Hingabe, Transformation	violett	St. Germain	Zadkiel	Amethyst
8. Strahl: Unterscheidungsvermögen, Klarheit	aquamarin	Maha Cohan	Aquariel	Clarity
9. Strahl: Ausgleich, Harmonie, Gleichgewicht	magenta	Jesus Sananda	Anthriel	Harmony
10. Strahl: innere Ruhe, Fülle, Reichtum, Geborgenheit	gold	Kuthumi	Valeoel	Peace
11. Strahl: Freude, vollkommener Plan, göttliche Aufgabe	pfirsich	Maitreya	Perpetiel	Joy
12. Strahl: Wiedergeburt, Umwandlung	opal	Sanat Kumara	Omniel	Opalescence

Die große Invokation

Mächtige ICH BIN Gegenwart,
lass aus dem Lichtpunkt im Geist Gottes
Licht in den Geist aller Menschen einströmen.
Lass Licht auf die Erde herabfließen.

Lass aus dem Liebespunkt im Herzen Gottes
Liebe in die Herzen aller Menschen einströmen.
Möge dadurch das Christusbewusstsein
bei allen Menschen
täglich mehr und mehr aufwachen,
wachsen und in der Tat zu Tage treten.

Lass aus dem Zentrum, wo der Wille Gottes sitzt,
den Sinn entspringen, der den Menschen leitet,
der Sinn, den die Meister kennen und dem sie dienen.

Lass aus dem Herzen der Menschheit
den Plan der Liebe und des Lichtes erfolgreich sein.
Möge er alles Destruktive transformieren und auflösen!
Lass Licht und Liebe und Kraft den Plan auf Erden
wieder herstellen.

So sei es!

Anmerkung

Die große Invokation ist eine Anrufung, um die Seele mit der ICH-BIN-Gegenwart in Verbindung zu bringen und so ihrem wichtigen Auftrag folgen zu können. Außerdem bitten wir durch die Invokation alle hohen Energien, sich an unserer wichtigen Arbeit zu beteiligen.

Die hier veröffentliche Version wurde von Bernhard Linz, einem Schüler des Aufgestiegenen Meisters Serapis Bey, neu erarbeitet. Sie enthält neue Aspekte, die, wie wir meinen, dem aktuellen Zeitgeschehen angepasst sind.

Bernhard Linz bekam vor mehr als fünfzehn Jahren den ersten Zugang zu verschiedenen traditionellen Rhythmen der Karibik. Weiterhin folgte die Beschäftigung mit brasilianischen und westafrikanischen Rhythmen. Durch seine Seminare und laufenden Kurse vermittelt er sowohl die Spieltechniken und Rhythmen, als auch den Zugang zum persönlichen kreativen Ausdruck. So hilft er den Menschen dabei, ein Stück Lebensfreude auf der Suche nach den eigenen Wurzeln zu finden.

Für Kontaktaufnahme hier seine Anschrift:

Bernhard Linz
Brückenstraße 4
66564 Ottweiler-Fürth

Abkürzungen

A. A.	Anna Amarillis
A. M.	Antan Minatti
Av. M.	Ava Minatti
B. B.	Barbara Bessen
B. V.	Barbara Vödisch
C. A.	Claire Avalon
I. W.-H.	Ines Witte-Henriksen
P. P.	Patrizia Pfister

Empfohlene Bücher

Die nachstehend genannten Bücher und Zeitschriften möchte ich Ihnen besonders ans Herz legen, wenn Sie auf Ihrem spirituellen Weg weiter gehen möchten.

- Amaryllis, Anna: *Die Weiße Bruderschaft,* Smaragd Verlag
- An, Zera: *11:11 Engelkarten,* Ch. Falk Verlag
- Anselmi, Reinidjen: *Der Lichtkörper*, Sternenprinz Edition.
- Avalon, Claire: *Die zwölf göttlichen Strahlen und die Priester aus Atlantis*, Smaragd Verlag
- Bach, Richard: *Die Möwe Jonathan*, Ullstein Verlag
- Bessen, Barbara: *KRYON – Neue Botschaften des* Lichts, Smaragd Verlag
- Bessen, Barbara: *KRYON – Der Mensch in seiner Meisterschaft*
- BRAIN-GYM mit Maxi, Kartenspiel und/oder Buch, VAK, Freiburg (Kinesiologische Übungen, speziell für Kinder mit Konzentrationsstörungen)
- Brewer, Anne: *Zwölfstrang-DNS*, Edition Sternenprinz
- Carey, Ken: *Sternenbotschaft,* Ch. Falk Verlag
- Carroll, Lee: *Briefe von Zuhause, Liebende Botschaften von der Familie,* Sanctuary Aquarius
- Caroll, Lee/Tober, Jan: *Die Indigo Kinder,* KOHA-Verlag
- Caroll, Lee: *Die Reise nach Hause,* KOHA-Verlag

- Caroll, Lee: Kryon – *Das Zeiten-Ende, Neue Informationen für persönlichen Frieden – Botschaften gegeben und empfangen in Liebe*, Ullstein Taschenbuch Verlag
- Caroll, Lee: Kryon – *Denke nicht wie ein Mensch, Kryon antwortet auf grundsätzliche Fragen*, Ullstein Taschenbuch Verlag
- Caroll, Lee: *Kryons Erzählungen, Parabeln für die Zeitenwende*, Ullstein Taschenbuch Verlag
- Cooper, Diana: *Dein Aufstieg ins Licht, Schlüssel zur Entfaltung deines Meisterpotentials,* Edition Sternenprinz
- Eiden, Harald: *Kraftquelle Kosmos, Energie der Atlanter, Energie der Zukunft*, Smaragd Verlag
- Emoto, Masaru: *Die Botschaft des Wassers*, Band 1, KOHA-Verlag
- Emoto, Masaru: *Die Antwort des Wassers*, KOHA-Verlag
- Fischer, Theo: *Wu Wei – Lebenskunst des Tao,* Silberschnur Verlag
- Gill; Anjana: *Wie Wünsche wahr werden*, Smaragd Verlag

  Gill, Anjana: *Du und deine Engel – ein himmlisches Team*, Smaragd Verlag

  Gill, Anjana: *Hotline zum Himmel – Dialog mit einem Engel,* Smaragd Verlag
- Haich, Elisabeth: *Einweihung,* Drei Eichen Verlag
- Hay, Louise L.: *Heile deinen Körper*, Lüchow Verlag
- Hay, Louise L.: *Liebe deinen Körper*, Lüchow Verlag

- Hinrichs/Schneider: *Die großen Meisterkarten,* Windpferd Verlag
- Hunziker, Bernhard: *Erwachen zum Kosmischen Menschen, Botschaften von Helios*, Smaragd Verlag
- Hunziker, Bernhard: *Mit Bergkristall und Turmalin die Seele heilen,* Smaragd Verlag
- Kübler-Ross, Elisabeth: *Über den Tod und das Leben danach*, Silberschnur Verlag
- Lambillion, Paul: *Herzstern – Mitteilungen der Weißen Bruderschaft durch Paul Lambillion*, Ch. Falk Verlag
- MacLaine, Shirley: *Der Jakobsweg, Eine spirituelle Reise,* Goldmann Verlag
- MacLaine, Shirley: *Zwischenleben*, Goldmann Verlag
- Maris, Stella: *ICH BIN – Affirmationen mit den Aufgestiegenen Meistern*, Karten, Smaragd Verlag
- Maris, Stella: *Weisheiten der Liebe*, Karten, Smaragd Verlag

  Maris, Stella: *Impulse für das Neue Zeitalter*, Smaragd Verlag
- McClure Janet/Vyvamus: *Die Erde ist in meiner Obhut – Sanat Kumara erzählt seine Geschichte,* Ch. Falk Verlag
- Michel, Peter: Atlantis – *Auf der Suche nach einer versunkenen Welt*, Aquamarin Verlag
- Minatti, Antan: *Kiria Deva und das Kristallwissen aus Atlantis*, Smaragd Verlag
- Minatti, Antan: *Kiria Deva und Elyah, Kristallwissen – der Schlüssel von Atlantis*, Smaragd Verlag

- Minatti, Ava: *Die Kinder der Neuen Zeit*, Smaragd Verlag
- Minatti, Ava: *Praxisbuch für die Kinder der Neuen Zeit*, Smaragd Verlag
- Minatti, Ava: *Heilung für das Innere Kind*, Smaragd Verlag
- Minatti, Ava: *Feen, Elfen und Zwerge – vom Umgang mit der Anderswelt*, Smaragd Verlag
- Moody, Raymond A.: *Leben nach dem Tod*, Rowohlt Verlag
- Müller, Brigitte: *Lichtkörper – Bewusstsein*, Peter Erd Verlag
- Murphy, Joseph: *Die Macht Ihres Unterbewusstseins*, Hugendubel Verlag
- Mutti, Sylvia: *Kosmische Essenzen*, Smaragd Verlag
- Natara: *Gespräche mit Erzengel Michael*, Band 1 – 2, Kamasha Verlag
- Natara: *Symbole und Mantren für den Aufstieg*,
- Arbeitsbuch von Erzengel Michael gechannelt durch Natara, Kamasha Verlag
- Powers, Rhea/Gawain: *Durch's Feuer – Partnerschaft als spiritueller Weg*, Ch. Falk Verlag
- Powers, Rhea: *Erde im Wandel – Botschaft für dich und deinen Planeten*, Ch. Falk Verlag
- Redfield, James: *Die Prophezeiungen von Celestine*, Ein Abenteuer – Das spirituelle Kultbuch, Ullstein Taschenbuch Verlag

- Redfield, James: *Die zehnte Prophezeiung von Celestine*, Das zweite Buch von Celestine, Ullstein Taschenbuch Verlag
- Redfield, James: *Das Geheimnis von Shambhala*, Das dritte Buch von Celestine, Ullstein Taschenbuch Verlag
- Regin, Marion: *Geschichten von Gott für Erwachsene*, Smaragd Verlag
- Regin, Marion: *Fragen an Gott*, Smaragd Verlag (Neuerscheinung Januar 2006)
- Saint Exupéry, Antoine de: *Der kleine Prinz,* Patmos Verlag
- Servan-Schreiber, David: *Die neue Medizin der Emotionen*, Kunstmann Verlag
- Solara: *11:11 – Jenseits des Tores*, Ch. Falk Verlag
- Solara: *An die Sterngeborenen – Erinnerung für die Erwachten*, Ch. Falk Verlag
- Solara: *Dein Sonnenengel – und wie du ihn erweckst*, Ch. Falk Verlag
- Solara: *Die Legende von Altazar*, Ch. Falk Verlag
- Solara: *El An Ra – die Heilung des Orion*, Ch. Falk Verlag
- Solara: *Unbegrenzt Leben*, Ch. Falk Verlag
- Stubbs, Tony: *Handbuch für den Aufstieg*, Material gechannelt von Scrapis, Edition Sternenprinz
- Tashira Tachi-ren: *Der Lichtkörper-Prozess*, Edition Sternenprinz
- Torelli, Manuela: *Sanandá – Maria Magdalena, meine große Liebe*, Smaragd Verlag

- Trixa: *Sternenwege*, Lichtrad Verlag
- Trixa/Michael: *Erdenwege*, Lichtrad Verlag
- Virtue, Doreen: *Die Kristallkinder*, KOHA Verlag
- Vödisch, Barbara: *Lady Nada – Botschaften der Liebe*, Smaragd Verlag
- Vödisch, Barbara: *Lady Nada – Meditationen der Liebe*, Smaragd Verlag
- Vödisch, Barbara: *Sanandá – Die Neue Zeit ist jetzt*, Smaragd Verlag
- Vödisch, Barbara: *Sanandá – Frieden jetzt*, Smaragd Verlag
- Vödisch, Barbara: *Einfach sein*, Kamphausen Verlag
- Wall, Vicky: *Das Wunder der Farbheilung (Aura Soma)*, Sternenprinz Edition
- Vywamus; McClure, Janet: *Die Kunst des Channelns*, Ch. Falk Verlag
- Vywamus; McClure, Janet: *Das Aha-Buch!*, Ch. Falk Verlag
- Wallimann, Silvia: *Brücke ins Licht*, Ein Ratgeber für das Leben und das Leben danach, Tamaron Verlag
- Wallimann, Silvia: *Erwache in Gott*, Tamaron Verlag
- Walsch, Neale D.: *Gespräche mit Gott 1 – 3*, Goldmann Verlag
- Walsch, Neale D.: *Gemeinschaft mit Gott*, Goldmann Verlag
- Walsch, Neale D.: *Freundschaft mit Gott, Ein ungewöhnlicher Dialog*, Goldmann Verlag

- Walsch, Neale D.: *Neue Offenbarungen,* Goldmann Verlag
- Walsch, Neale D.: *Gott heute, Gespräche mit Gott über die Spiritualität der Zukunft*, Goldmann Verlag
- Walsch, Neale D.: *Ich bin das Licht! Die kleine Seele spricht mit Gott*, Nietsch Verlag
- Witte-Henriksen, Ines: *St. Germain – Die violette Flamme der Transformation*, Smaragd Verlag
- Witte-Henriksen, Ines: *Einweihung in die türkise Flamme von Atlantis*, Smaragd Verlag
- Witte-Henriksen, Ines: *Hilarion – Flamme des Herzens,* Smaragd Verlag

Empfohlene Zeitschriften

- *Lichtfokus*
  Lichtfokus-Abonnentenservice:
  Postfach 1331
  53335 Meckenheim
  Tel.: +49(0)2225 / 8801-342
  (von 8:00 bis 18:00 Uhr)
  Fax: +49(0)2225 / 8801-399
  E-Mail Abo: abo-lichtfokus@ips-d.de
  E-Mail Einzelbestellungen: shop-lichtfokus@ips-d.de

- *Lichtsprache*
  Susanne Sejana Kreth
  Rolandstraße 34
  28199 Bremen
  E-Mail: lichtsprache@arcor.de
  www.lichtsprache-online.de

- *ZeitenSchrift*
  Postfach 12 69 11
  10609 Berlin
  Tel.: +49(0)30/340-94-295
  Fax: +49(0)30/340-94-643
  info@zeitenschrift.com
  www.zeitenschrift.com

Kontaktadressen

Smaragd Verlag
In der Steubach 1
D-57614 Woldert (Ww)
Tel.: 0049-2684-978808
Fax: 0049-2684-978805
E-Mail: info@smaragd-verlag.de
www.smaragd-verlag.de

Blaue Lichtburg
(Seminare und Vertrieb)
In der Steubach 1
D-57614 Woldert (Ww)
Tel.: 0049-2684-978808
Fax: 0049-2684-978805
E-Mail: info@blaue-lichtburg.de
www.smaragd-verlag.de

Lichtgarten, Antan Minatti
Dr.-Glatz-Straße 27
6020 Innsbruck
Tel./Fax: 0043-512-361985
E-Mail: lichtgarten@lichtgarten.com
www.lichtgarten.com

Ava Minatti
Infos über aktuelle Seminare und Workshops über die Lichtgarten Adresse oder unter ava.minatti@utanet.at, Tel./Fax: 0043-512-379204.

Register

Nachrichten für die Neue Zeit

Liebe Leserinnen und Leser,

wir freuen uns, Ihnen einen neuen Service des Smaragd Verlags anbieten zu können:
Auf unserer Internetseite www.smaragd-verlag.de finden Sie ab sofort Nachrichten für die Neue Zeit, die so wichtig sind, dass sie nicht warten können, bis ein neues Buch erscheint.

Dazu gehören:

- Gechannelte Texte aus der Geistigen Welt zu wichtigen Ereignissen oder Themen;
- Neue Begriffe, die als Folge von Durchsagen aus der Geistigen Welt für das Verständnis dessen, was zur Zeit geschieht, wichtig sind;
- Nachträge zum *Lexikon für die Neue Zeit* (1. Auflage erschienen im Juni 2005);
- Hinweise auf Meditationstermine;
- Hinweise auf Seminare und ihre Themen;
- Weitere wichtige Informationen für die Neue Zeit.

Diese Seite im Internet wird nach Bedarf regelmäßig aktualisiert.
Sollten Sie kein Internet haben, werden wir Ihnen gerne die Nachrichten per Fax oder per Post zukommen lassen.

Anna Amaryllis

Die Weiße Bruderschaft – Freunde im Licht

160 Seiten, broschiert, ISBN 3-92637-52-7

Dieses Buch gibt einen Einblick in das Wirken der Weißen Bruderschaft, zu deren Mitgliedern u.a. Jesus, Daskalos, El Morya, St. Germain, die Indianerin No-Eyes und Yogananda gehören. Es vermittelt Zuversicht, Kraft und Freude all denen, die um die Frunde im Licht wissen und sich diesen Energien öffnen.
Das Einstiegsbuch zum Thema DIE GROSSE WEISSE BRUDERSCHAFT.

Claire Avalon

Die zwölf göttlichen Strahlen und die Priester aus Atlantis

384 Seiten, geb., ISBN 3-934254-12-8

Dieses umfangreiche, ausschließlich gechannelte Werk enthält hochinteressante Informationen über das Wirken der zwölf göttlichen Strahlen und macht uns mit dem neuen und doch alten Basiswissen aus Atlantis vertraut, das uns bisher nicht zur Verfügung stand. Wir lernen 84 atlantische Priester und Priesterinnen kennen, die von EL MORYA vorgestellt werden und dann selbst zu ihren speziellen Aufgaben sprechen. Ein wichtiges Buch, das auch viele Therapeuten, Heilpraktiker und Helfer der Menschheit erreichen möchte.

Stella Maris

Impulse für das spirituelle Zeitalter Energetischer Ratgeber

176 Seiten, gebunden, ISBN 3-934254-93-4

Stella Maris bietet mit ihren neuartigen, spirituellen Ratschlägen praktische Lebenshilfe, um den verschiedensten Herausforderungen der Neuen Zeit im Alltag besser begegnen zu können. Dazu gehören u.a. Konzentrationsmangel; Einschlaf-/Durchschlafhilfen; Schutz von Haus und Wohnung oder beim Autofahren; Energieverlust; Hilfe bei der Entwöhnung von Nikotin, Fleisch und anderen Süchten; Schutz vor negativen Energien bei Menschenansammlungen; Auflösung der Verbindung zu ehemaligen Partner/innen und ihren (auch sexuelle) Energien aus den feinstofflichen Körpern; Loslassen der Seele eines Kindes, die durch eine Abtreibung, eine Tot- oder Fehlgeburt die physische Hülle wieder verlassen hat; u.v.m.
Ein energetisch-spiritueller Ratgeber mit Gebeten, Mantren, Symbolen, Affirmationen, vielen (zum Teil gechannelten) praktischen Tipps und Übungen, die für jeden schnell und einfach umsetzbar sind, und wunderschönen Meditationen.

Patrizia Pfister

Das Regenbogenzeitalter
Die Menschheit erwacht

488 Seiten, gebunden, ISBN 3-934254-94-2

Dieses Buch enthält eine Fülle brandneuer Informationen für das 21. Jahrhundert, die die Autorin durch die Vertreter und Lenker der 12 göttlichen Strahlen erhielt - ebenso wie von Erzengel Michael, Metatron, KRYON u.a. zu den Vorgängen, die sich mit dem Begriff „Aufstieg" zusammenfassen lassen. Dazu gehören hochinteressante Durchsagen zu den fünf neuen Chakren und viele praktische Übungen und Anleitungen, wie sich der Lichtkörperprozess aktiv unterstützen lässt:
Das Regenbogenzeitalter ist ein Zeitalter der Farben und der Veränderung, das hier erstmalig detailliert beschrieben wird.

Margit Steiner

Arbeit mit den Aufgestiegenen Meistern

120 Seiten, gebunden, mit Leseband, ISBN 3-934254-91-8

In enger Zusammenarbeit mit der geistigen Welt macht uns die Autorin mit den Energien der Aufgestiegenen Meister/innen vertraut. Erst nach einem behutsamen Reinigungsprozess treten wir durch eine Meditation in Kontakt zu dem jeweiligen Meister. Danach folgt eine Übungsphase von 21 Tagen, in der wir die jeweilige Energie in unser Leben integrieren, um dann, wenn gewünscht, mit dem nächsten Meister zu arbeiten.
„Wir sind dankbar für dieses wunderbare Geschenk der geistigen Welt, denn damit ist es für jeden möglich, Verbindung mit ihr aufzunehmen und diese zu pflegen."

Ines Witte-Henriksen

St. Germain –
Die Violette Flamme der Transformation

144 Seiten, broschiert, ISBN 3-934254-58-6

St. Germain führt uns in die Arbeit mit der Violetten Flamme ein, damit wir dieses kraftvolle Instrument der Transformation für uns und andere im Alltag nutzen können. Hilarion vermittelt Wissen über die grüne Heilflamme. Seine Heilmeditationen im grünen Strahl bestärken uns darin, uns für die eigene Wahrheit zu öffnen und unseren inneren Bildern und Wahrnehmungen zu vertrauen. Das Innere Kind erfährt Heilung durch das Mitgefühl der Aufgestiegenen Meisterin Kwan Yin und die bedingungs-lose Liebe der Delfine. Die Hilfe der Aufgestiegenen Meister wird durch dieses Buch für jeden praktisch erfahrbar.

Ines Witte-Henriksen

Hilarion – Flamme der Wahrheit

168 Seiten, broschiert, ISBN 3-934254-95-0

Ines Witte-Henriksen, deren Geistführer Hilarion ist, berichtet über den grünen Strahl von Hilarion, auf dem auch Erzengel Raphael dient und der die Bereiche *Wahrheit, Konzentration* und *Heilung* berührt. Und so geht es hier vorwiegend um Heilung nach dem Motto: Heiler, heile dich selbst!
Die Kraft der Konzentration von Hilarion führt uns nach innen, wo wir unserer eigenen Kraft und Stärke, aber auch unserem eigenen Licht- und Schattenreich begegnen, damit wir uns aus der Opferrolle befreien und ganz in die eigene Schöpferkraft gehen können. Die goldenen Engel der Weisheit unterstützen die Heilkraft des grünen Strahls, indem sie dem Menschen immer wieder Impulse geben, der eigenen Weisheit zu vertrauen und der inneren Stimme zu glauben.
Die Autorin macht Mut, der eigenen Wahrheit zu begegnen und diese im Alltag zu leben.

Barbara Vödisch

Sananda - Frieden jetzt!

168 Seiten, broschiert, ISBN 3-934254-76-4

Sehnen auch Sie sich nach Frieden in Ihrem Leben und vor allem in der Welt? Frieden ist, wenn es auch schwierig erscheint, hier und jetzt möglich! Wie das endlich wahr werden kann, zeigt uns Sananda aus dem Bewusstsein ewigen Friedens. Als Jesus der Christus setzte er sich auf Erden schon unermüdlich für Frieden und Liebe ein.
Die Energie des Friedens ist in diesen Zeilen so präsent, dass Sie durch das Lesen allein mehr Frieden mit sich und der Welt finden können. Mit Meditationen und vielen praktischen Hinweisen.

Ava Minatti

Die Kinder der Neuen Zeit – Strahlende Funken des Lichts

196 Seiten, broschiert, ISBN 3-934254-23-3

Immer mehr Kinder werden weltweit geboren, die bereits mit einem neuen Bewusstsein zur Welt kommen und somit Verhaltensweisen an den Tag legen, die „anders“ sind. Ava Minatti, selbst Mutter von zwei “neuen” Kindern, erzählt von ihren persönlichen Erfahrungen in der Schwangerschaft, bei der Geburt und im Alltag mit diesen Kindern und bietet viele praktische Anregungen, Übungen und Meditationen. Mit Botschaften aus der geistigen Welt, u.a. von Engeln und des Aufgestiegenen Meisters Hilarion.